革故鼎新

DOUBLE THIRTY YEARS OF THE PEOPLE'S REPUBLIC OF CHINA

中华人民共和国的两个三十年

刘德斌 杨军 ◎ 主编

王文奇 ◎ 编著

世界知识出版社

图书在版编目（CIP）数据

革故鼎新：中华人民共和国的两个三十年/王文奇编著；--北京：世界知识出版社，2012.10
（解说中国/刘德斌，杨军主编）
ISBN 978-7-5012-4353-2

Ⅰ.①革… Ⅱ.①王… Ⅲ.①中国历史—现代史 Ⅳ.① K27

中国版本图书馆 CIP 数据核字（2012）第 235539 号

书　　名	**革故鼎新：中华人民共和国的两个三十年**
作　　者	王文奇
责任编辑	王瑞晴　蔡金娣
责任出版	王勇刚　赵　玥
出版发行	世界知识出版社
地址邮编	北京市东城区干面胡同51号（100010）
电　　话	010-85112689（编辑部） 010-65265923（发行部）
网　　址	www.wap1934.com
印　　刷	北京新华印刷有限公司
经　　销	新华书店
开本印张	700×960毫米　1/16　13 印张
字　　数	157 千字
版次印次	2013年1月第一版　2013年10月第二次印刷
标准书号	ISBN 978-7-5012-4353-2
定　　价	36.00 元

版权所有　侵权必究

主编序

中国与世界的关系正在经历一场历史性的变化。这场变化不仅体现在中国与这个世界更为深入地融合在一起,而且也体现在中国对世界和世界对中国认识的变化上。

中国曾经是"东亚病夫",积贫积弱。辛亥革命终结了清王朝的统治,但却没有能够挽救中国沦为西方列强和日本半殖民地的命运,中国在四分五裂中任人宰割一百多年!中国也曾经是"世界革命的摇篮",1949年革命成功,独立、统一(除香港、澳门、台湾外)的新中国先后公开与美、苏两个超级大国相对抗。曾几何时,中国又变成了"世界工厂",为全世界生产物美价廉的生活用品,同时也成为石油、矿石、谷物、汽车、飞机等大宗商品以及各种奢侈品最主要的消费国。无疑,对比过去的"贫弱"和"革命"时代,今日之中国对这个世界是一个更具建设性和开放性的国度,也应该是一个更容易被世界所了解和理解的国度。

但事实上,正是中国这个"睡狮"真正"醒来"并开始"震撼"世界的时候,她却变得更容易被人曲解和误解了。读者不难发现,随着中国的发展壮大,国际学术界和媒体关于中国的看法也变得更加极端,从"中国崩溃论"到"中国威胁论",从"中国责任论"到"中国统治论",应有尽有。当然,也有关于"中国模式"、"中国道路"和"中国经验"等的讨论和探索。改革开放三十年之后的中国成了一个世界之"谜",因为中国用几十年的时间,实现了许多国家需要几个世纪才能实现的时代跨越,没有人能够完全令人信服地解释出个中缘由。围绕这个"谜",世界各国的中国学家都在进行新的探索,世界各主要国家中国学的内涵不断扩大,从事中国学的专业人员也大大增加了。同样在中国,改革开放三十多年来,当不同学科的学者都在学习和借鉴西方的理论和经验，努力构建"具有中国特色的"学科理论或"中国学派"时，蓦然回首，却发现我们现在缺少的已经不是对西方学术理论的了解，而是对"中国故事"的解读，是对中国与世界关系历史与现实关系的新的认知。中国学者与海外学者的中国学研究正在汇聚，无论我们怎么界定，"汉学"、"新汉学"或"中国学"正在以一种新的面貌展示在世人面前。

当然，对迅速变化着的中国的了解和理解不可能也不应该仅仅是象牙塔内顶尖学者的责任，而是应该和任何一种关心中国历史、现实和走势的中国人和外国人的经验联系在一起。在这之中，包括中国的学生、学者和社会各界有识之士，特别是那些肩负重任，走出和即将走出国门以传播中国语言和文化、增进世界各国对中国了解为己任的"文化使者"，也包括那些来到中国或在其他国家以中国研究为专业的外国学人。首批推出的《解说中国》系列丛书，就是为想要深入了解中国的中外读者提供一个对当代中国比较全面的描述。作者不求以惊世骇俗的"高论"制造轰动效应，而是以娓娓道来的方式，把一个承载着几千年文化传统，在经历了灾难深重的存亡危机之后，快速赶超上来的现代中国多侧面地展现在读者面前，让读者自己去思考、交流和判断：什么是中国？中国是一个怎样的国家和民族？中国发展道路的独特性究竟在哪里？中国未来的发展趋势是什么样的？

从历史的眼光看，中国与世界关系的变化才刚刚开始，这种变化的根源和前景可能远远超出我们现在的判断和预期。世界需要认识一个新的中国，中国当然也需要认识一个不断变化着的新世界。《解说中国》系列丛书的作者和编者都是中青年学人，他们是中国与世界关系变化的思考者，也是解读当代中国变迁的探索者。他们愿以自己的作品启发读者的讨论，同时也欢迎有识之士的批评和指正。

刘德斌

二〇一二年十月

目录

绪论

新中国的奠基
007 建立新中国：百年求索的必然
011 政治奠基：新中国前行的伊始
014 统一之战与新政府组建
019 稳定社会秩序的努力
023 向社会主义的过渡
028 计划经济体制的确立

社会主义建设的曲折探索
033 社会主义建设的初步成效
037 整风运动与反右斗争
040 大跃进与浮夸风
045 文化大革命的展开
050 林彪集团与四人帮的覆灭
053 社会经济的挫折与发展

时代新声：改革开放
059 纠正思想：中国发展的新方向

063　农村土地所有制改革
069　市场经济体制改革
075　教育科技体制改革
079　对外开放与以点带面

中国经济的成熟与腾飞
089　政治保障：政治体制改革的推行
094　社会主义市场经济制度的确立
098　经济发展与应对挑战

21世纪的多彩中国
107　中国力量：稳定持续的发展
113　中国声音：科学发展观与和谐社会
119　中国形象：北京奥运会与上海世博会
126　中国举措：积极参与世界协作
131　中国责任：维和与对外援助

因时而动：新中国的外交历程
141　"一边倒"与亲苏战略
147　和平共处与求同存异

- 151 "两条线"时期的中国外交
- 154 中美关系与中日关系正常化
- 159 改革开放后的外交新局面
- 163 20世纪90年代的中国外交
- 169 21世纪的中国外交

继往开来：中国发展的机遇与挑战

- 177 全球化的福利
- 180 新兴市场国家的集体崛起
- 183 中国自身的发展优势
- 186 中国的内在问题
- 190 不均衡的世界经济秩序
- 194 国际政治因素的影响

结语

绪论

中国作为一个文明古国,在安静恬淡中经历了千年风霜。当欧美列强用坚船利炮叩开了中国国门,中国被迫走上了反省与自救之路。从1840年开始,诸种思潮、诸种尝试,在中华大地上你方唱罢我登场。但历史的实践证明,只有中国共产党才能救中国,只有社会主义道路才能让中国走向伟大的复兴。

1949年中华人民共和国的成立,如一声惊雷响彻天际,中国从此摆脱了被欺凌的历史,也将从此开创一个独立自主的未来。面对着千疮百孔、百废待兴的社会,新中国的领导人通过一系列雷厉风行的举措,统一了中国大陆,组建了中央与地方政府,稳定了社会秩序,开始向社会主义过渡。由于只有近邻苏联的发展模式可资借鉴,中国很快确立了计划经济模式,并在这一模式确立之初大幅度地促进了社会各方面的飞速进步。

然而,急切想摆脱积贫积弱局面的心理,使党和国家领导人乃至普通大众都将速度看成是发展的最高追求,忽视了片面追求速度背后潜藏的隐患与危机。当实际的发展速度远远达不到大跃进所要求的预期时,各地争相通过不切实际的浮夸从表面上营造出前所未有的繁荣。当经济问题的弊端已现端倪，应该及时纠正时，党和国家领导人又被一些片面问题所蒙蔽，加之被一些政治小集团所利用，从而使政治斗争压倒了经济建设，中国遭遇了十年"文化大革命"，对社会经济造成了巨大破坏。

当文化大革命终结后，中国新一代领导集体开始反思新中国30年建设中的经验与教训，调整思路，实行改革开放，计划经济体制也就此一步步向社会主义市场经济转变。对内改革与对外开放，一方面使国内各行各业重新燃烧了激情，迸发了活力，推动了社会经济的稳健增长与综合国力的日益提升；另一方面中国以开放的姿态走向世界，拥抱世界，也让其他国家消除了在意识形态上对中国的偏见，中国成长为全球化时代一个负责任的大国。

新中国从建立至今，已经走过了风风雨雨63年的历程。这63年的历程，既是中国上下求索，寻觅自强之路的过程，也是中国从传统帝国走入现代国家，实现现代化的过程。在这一过程中，中国既找到了适合自身的发展道路，并在国际社会中大放异彩，也在全球化时代中获益，步履坚定地沿着现代化之路大步前行。

中国虽然在求索之路中出现了挫折，但回望历史、痛定思痛，我们会发现也许恰恰是有了前期摸索发展中的教训，才促成我们找到了更为适应自身的发展模式。这种模式不管是否可以被称为"中国模式"，它的确是一条不同于欧美发达国家所走的道路，它的确是充分融入了中国的特色。

当然，我们也不能只是乐观地沐浴在阳光中而忽视了阳光下的阴影。虽然中国在改革开放后经济的突飞猛进全球有目共睹，但中国发展中的一些缺点或纰漏也客观存在。就发展中国家来说，贫富分化是共性问题，中国在这一点上也不例外。如何平衡群体间、地区间、城乡间的诸种差距，是关乎社会能否长期可持续发展的重要方面。同样，技术创新能力不足，乃至贪污腐败问题存在等，也都会对经济的长足进步产生负面作用，而现有国际经济秩序的不平衡，以及国际政治的负面因素等也都会对中国未来的成长造成一定影响。

在中国传统的干支纪年中，六十年正好形成了一个甲子，即形成了一个循环。一个循环的终结也代表着下一个循环的开始，但下一个循环不是重复性的在原地踏步，而是更上一层楼式的螺旋式发展。新中国在经历过六十年的锤炼之后，有了新的开始。此时的中国，在世界上不仅是经济总量世界第二的经济大国，也是在努力促成更为公平合理的世界政治经济性秩序构建的负责任的政治大国。

中国人一直倡导鉴往知来，即通过回望历史，总结历史上的经验与教训，才能够更好地谋划未来。在本书中，我们通过回望新中国成立63年来的历史，希望能够从历史长河的涓滴中汲取发展的智慧，提供给中国自己，也提供给那些尚在摸索中前行的国家。

新中国的奠基

中国有着五千年的文明史，在历史上也曾建立过庞大而兴旺的帝国，到明清时期，在东亚以中国为中心还形成了独特的东亚封贡体系，甚至直到18世纪中叶，中国仍是世界上经济最为发达的国家。但是，18世纪中叶之后，中国这个封闭帝国的发展步伐，开始落后于蒸蒸日上的西欧国家。西欧国家以大航海为契机，既迅速壮大了自身，也不断向亚洲、非洲和美洲进行殖民。在这一历史的浪潮之中，中国不可避免地与西方展开激烈的碰撞。从鸦片战争开始，中国走过了百年的屈辱历史，其间经历了列强的侵略，经历了军阀时代，经历了抗日战争与解放战争，中国人探索独立自主的发展之路曲折而蹒跚。终于，到了1949年，中国跨入具有划时代意义的一年，这一年，中华人民共和国正式建立。中国告别了曾经的专制帝国，也摆脱了干戈扰攘，开始以主权国家的姿态屹立于世界的东方。新中国成立后，完成了全国大陆的统一，通过稳定物价、打击投机，稳定了经济与金融秩序，并有计划按步骤地使一个残破的国家向着社会主义过渡，取得了重大成就。

建立新中国：百年求索的必然

中国在近代探索发展之路的过程中，逐步走向新中国的建立，可以说是历史的必然。自中国遭受列强的入侵，被迫签订一系列不平等条约开始，诸多的仁人志士无不在思索中国如何在西方殖民的浪潮中自救、自强。

在清政府时期，最初开始了洋务运动。当时中国的封建精英认为：中国的传统政治制度以及文化思想仍是高于西方国家的，只是在具体的科学技术上落后于西方，因此只要中国也能造出坚船利炮，也创办起以机器制造为主的工业企业，就可以改变当时的窘境，就可以在"中学为体，西学为用"的大旗之下，走上一条快速发展，独立自强的道路。但实践远不像理想那样美好，洋务运动在风风火火创办了二三十年之后，并没有改变中国的现状。因为很多清醒的观察者发现，洋务运动的企业更多地像政府的衙门，而不是真正的企业。

当洋务运动无法挽救中国颓势的时候，以康有为、梁启超等人为代表的所谓开明知识分子，开始思考体制上的问题，他们认为中国发展的滞后根源在于政治体制较西方落后。近邻日本，曾经在东亚封贡体系之中是中国的臣属国，也曾在19世纪中期遭受到美欧国家的欺凌，但是因为日本的明治维新对国家的体制进行了大刀阔斧的改革，日本迅速走上了自强之路，并且对周边的中国、朝鲜等国家展开侵蚀。尤其是1895年的甲午战争，蕞尔之邦日本，在甲午海战中击败了洋务运动中重要的遗产——北洋水师，更触动了中国封建精英的神经。

　　康有为、梁启超等人于1898年发起了变法维新运动，因为1898年正是中国农历中的戊戌年，因此这次简短的变法在中国历史上又被称为戊戌变法。这次变法在细节上要求改革军队体系、教育体制等，而在国家政权的组织形式上，则要变皇权专制为君主立宪制，结果因当时支持变法的皇帝光绪并没有真正掌握最高决定权，掌握着最高决定权的慈禧太后却坚决地反对变法，导致这次变法维新运动虽然有一个轰轰烈烈的开场，却也不得不草草收场。光绪皇帝被慈禧太后囚禁，康有为、梁启超等人出逃，另外一些支持变法的人士则死于屠刀之下。这场变法维新运动前后推行103天，因此也被称为百日维新。百日维新同样无法将中国挽救出愈益下沉的泥潭。

　　到了20世纪初，中国的封建专制越来越不合时宜，国家的统治能力也越来越弱，内忧外患层出不穷。虽然清政府在1905年时宣布要逐渐推行君主立宪制，但雷声大、雨点稀，政府官员们出访西欧考察各国的政治体制更像是做秀而不是实干。在此过程中，民众对于中国现状的痛心越来越重，对于腐朽的清王朝的反感也越来越重，一次次民间起义不断上演。

　　虽然很多起义不断被清政府剿灭，但1911年10月爆发的武昌起义却获得了成功，并迅速形成燎原之势。其他很多城市要么爆发起义进行响应，要么一些清政府官员迅速表示支持起义，这就是中国历史上著名的辛亥革命。这次革命彻底扭转了中国的局面，使清王朝的大厦摇摇欲坠，一个革命、民主、高效的新政权似乎喷薄欲出。

　　然而，前途是光明的，道路却是曲折的。由于当时重要的军事力量集中在清朝重臣袁世凯的手中，革命者与袁世凯不断举行谈判，最后谈判的

革命先行者孙中山

结果是只要能确保推翻清政府,并支持共和体制,袁世凯就可以就任新成立的中华民国大总统。最终,袁世凯逼迫清朝末代皇帝溥仪退位,中国革命的先行者孙中山将中华民国大总统让与了袁世凯。袁世凯虽然表面上支持共和体制,暗地里却做着君王梦,他希望成为中国历史上另一个高高在上,独断专行的皇帝,而不是成为在分权制衡的共和体制中为国家服务的总统。

为了避免中国历史重回封建专制的老路,孙中山等人再度展开了反对袁世凯的斗争。最终,袁世凯仅做了83天的皇帝就一病而亡。袁世凯曾经的下属,即北洋军阀们展开了你争我夺的混战。经过军阀之间不断地博弈较量,蒋介石成为了军阀中的佼佼者,国民政府成为了名义上的中央政府,但国民党各派新军阀依然只是表面上接受蒋介石中央政府的统辖,实际上依然各自为政。蒋介石与地方军阀之间的矛盾长期不能够化解,中国的发展之路也依然晦暗不明。

在目睹了中国日益落后与动荡境况，以及对诸种势力你方唱罢我登场但依然不能给中国指引一条光明之路失望之后，中国的一批仁人志士开始借鉴苏联的经验与教训，认为中国只有走一条共产主义的道路，才能够真正救中国，并带领中国走向繁荣富强。于是，这些仁人志士组建了中国共产党，并为着宏大的目标奋勇前行。

中国国民党的统治被实践证明依然是走着中国传统政治的老路，即依靠一小部分所谓的精英人士，统治全国的国民，实际上仍然是中国封建王朝统治模式的变种。中国共产党的理念则完全不同，中国共产党所走的路线是群众路线，即真正重视民众的作用，国家是全体国民的国家而不是精英统治者的国家。依靠群众路线，中国共产党迅速发展壮大，并在社会中有了越来越广泛的影响力与号召力。在抗日战争中，也是中国共产党最先抛弃党派的偏见，号召全体国民一起抵抗外来的侵略。

经过全世界反法西斯国家的精诚合作，经过国共两党的共御外侮，中国在抗日战争中赢得了胜利。但国民党并不愿意组建能够团结全国各个党派的联合政体，而是积极调军备战，围剿共产党，打响了内战。国民党号称有数倍于共产党的兵力，有着较共产党先进的武器装备，但是在解放战争中，国民党依然兵败如山倒，其中的决定性因素就是共产党得到了群众的广泛支持。中国古语中有"得道多助，失道寡助"的说法，国民党正是因为失掉了民心，才导致迅速溃败，新中国得以建立。

总而言之，中国在漫长的百年求索之路中，能够最后以建立新中国的形式实现自立、自强是历史选择的必然。

政治奠基：新中国前行的伊始

中国革命行进到1949年，解放战争已经取得了决定性的胜利，建立中华人民共和国的时机已经成熟。1949年9月21日至30日，北京中南海怀仁堂里，一场决定中国未来走向的会议正在隆重召开，这就是新中国的中国人民政治协商会议第一届全体会议。参加这次会议的不仅有经过了38年风雨锤炼的中国共产党，还有各民主党派、无党派人士，各少数民族代表，国外华侨和宗教界人士，各人民团体和人民解放军代表等共662人。毛泽东在开幕词中庄严宣告："占人类总数四分之一的中国人从此站立起来了。……我们的民族将再也不是一个被人侮辱的民族了，我们已经站立起来了。"

中国人民政治协商会议的召开，不仅对于中国结束百年屈辱具有重大的象征意义，对于中国的未来发展方向同样具有重大的现实意义。大会先后讨论通过了《中国人民政治协商会议共同纲领》、《中华人民共和国中央政府组织法》等纲领性文件。这些纲领性文件，将是未来的政治体制、政府架构创建的指导性文件。

《中国人民政治协商会议共同纲领》规定，中华人民共和国为新民主主义即人民民主的国家，实行工人阶级领导的、以工农联盟为基础的、团结各民主阶级和国内各民族的人民民主专政，反对帝国主义、封建主义和官僚资本主义，为中国的独立、民主、和平、统一和富强而奋斗。工人与农民，将是人口的主体部分。《共同纲领》将工农作为主体，充分体现了人民当家做主的精神。

《中华人民共和国中央人民政府组织法》规定，中华人民共和国实行民主集中制原则的人民代表大会制。在普选的全国人民代表大会召开以前，由中国人民政治协商会议的全体会议执行全国人民代表大会的职权，选举中央人民政府委员会。

对于民主，有着各种各样不同的诠释。从整体人类的发展历史来看，人们往往将民主制追溯到古希腊的雅典，但雅典的民主是不全面的，占人口很大比例的奴隶并不包含在内，只是所谓雅典公民是民主制所能涵盖的范围。近现代以来较先实践三权分立制度的美国，被看成是民主制的典范，但美国的民主制也存在对妇女、对有色人种的歧视，是在漫长的历史发展中才逐渐将民主波及到全体国民。而新中国的人民代表大会制度，从创建之初就不分人种、不分性别、不分民族地涵盖了全体国民。

中国人民政治协商会议第一届全体会议于9月30日闭幕，会议一致选举毛泽东为中央人民政府主席，朱德、刘少奇、宋庆龄、李济深、张澜、高岗为副主席，周恩来等56人为中央人民政府委员会委员。会议决定新中国的国名为中华人民共和国，北平为首都并改名为北京；决定采用公元纪年；以《义勇军进行曲》为代国歌；国旗为五星红旗。

当中国人民政治协商会议第一届全体会议将胜利闭幕的时候，会议决定，在北京树立起一座人民英雄纪念碑，以祭奠那些在人民解放战争和人民革命中牺牲的人民英雄。当天下午6时，全体代表在天安门广场举行人民英雄纪念碑的奠基典礼。此后，纪念碑于1952年8月1日正式动工修建，1958年4月22日落成，同年5月1日隆重揭幕。纪念碑下层的大须弥座束腰部四面镶嵌着八幅汉白玉大型浮雕，分别以虎门销烟、金田起义、武昌起义、五四运动、五卅运动、南昌起义、抗日战争游击战、渡江战役为主题，这一幅幅浮雕连接在一起，道出了中国百年求索中一段段风云激荡的历史。

中央人民政府和各机构的负责人，不仅包括中国共产党党员，也包括各民主党派成员、海外华侨和其他爱国人士，充分体现了中国共产党领导下的多党合作，团结建国的精神。

10月1日下午3时，北京30万军民在天安门广场举行隆重的开国大典。随着中央人民政府秘书长林伯渠宣布开国大典的开始，雄壮的《义勇军进行曲》开始高昂奏起："起来，不愿做奴隶的人民，让我们的血肉筑成我们新的长城，中华民族到了，最危险的时候，让我们冒着敌人的炮火，前进，前进，前进—进！"

在国歌声中，毛泽东主席亲手按动电钮，升起了第一面五星红旗，宣读了《中华人民共和国中央人民政府公告》，庄严宣告："中华人民共和国中央人民政府今天成立了！"在一代人艰苦卓绝的拼搏中，中国终于完成了一个艰难的破蛹成蝶的历程。接着举行了声势浩大的阅兵式，人民解放军三军受阅部队迈着威武雄壮的步伐通过天安门前。晚间，首都人民举行了盛大的提灯游行，热烈庆祝新中国的诞生。

中华人民共和国的成立，是中国有史以来最伟大的政治事件，标志着中国主权国家的诞生，也标志着中国终于以独立自主的姿态屹立于国际社会。作为东亚地区乃至全球的大国，新中国的建立也对整个国际局势产生了重大的影响。

统一之战与新政府组建

就在毛泽东主席庄严宣告新中国成立的时候，国民党仍有100多万军队，主要是白崇禧集团、余汉谋集团和胡宗南集团，在美国的支持下，盘踞在以广州为中心的华南，以重庆为中心的西南等地区以及东南沿海的一些岛屿。

为了完成全国统一大业，中国人民解放军兵分多路，不给敌人喘息和逃逸的机会。中央军委根据解放战争后期作战的形势和特点，明确提出人民解放军在消灭残余敌人的作战中，必须实行迂回、包围的作战方针，要越过敌人的防线，迂回并占领它的后方，迫使其不得不与解放军作战，然后一举将其歼灭。

从1949年9月下旬开始，解放军在中南、华南与国民党残余部队展开了激战，湖南、广东、广西等地的战役相继打响，至12月初，上述地区相继解放。在华东，从1949年10月中旬开始，解放军一部在福建地区开始作战，很快取得胜利。在西北，9月下旬新疆已经和平解放，随后解放军顺利挺进西北。

在几处残余势力中，国民党最看好的是大西南地区。这里是一块风水宝地，气候适宜，土壤肥沃，其中四川更是有"天府之国"的美誉。早在秦朝末年，刘邦便是凭借着这一地区休养生息、积蓄力量，终于在楚汉之争中使项羽四面楚歌、乌江自刎,从而建立了中国历史上的西汉王朝;三国时期,刘备、诸葛亮也是凭借这巴蜀之地成就大业,与曹操、孙权形成了三足鼎立之势,上演了"三国演义";明朝末年的农民起义中,张献忠一部也是凭借四川等地,建立了"大西政权"。当中国人民解放军以风卷残云之势对华南地区的国民党进行追击的时候,蒋介石在大陆的最后一点希望也集中寄托在了大西南。

1949年10月23日,刘伯承、邓小平下达进军四川、云南的作战命令,第二野战军及第四野战军在北起长江、南到四川、湖南、广西、贵州的千里战线上,开始向西南的国民党残余力量发起强大攻势。11月30日凌晨,眼看大势已去的蒋介石慌忙乘坐飞机逃离重庆,飞往成都,国民党各部亦纷纷夺路溃逃。30日下午,重庆宣告解放,这个自1937年成为国民党陪都的城市,终于插上了五星红旗。

12月9日,在解放军的军事打击和政治说服双重推动下,国民党云南省主席卢汉及西康省主席刘文辉等通电宣布起义,云南、西康两省和平解放。蒋介石见大势已去,仓皇飞往台湾。12月30日,成都解放,西南战役至此结束。这也粉碎了蒋介石企图依托西南,等待时机卷土重来的幻梦。

1950年,解放军又继续进行了解放海南岛、舟山群岛和万山群岛的渡海战役,拔除了国民党军队在华南、华东沿海的最后立足点。到了1950年4月,除西藏之外的中国大陆都已经解放。

针对西藏问题,新中国政府决定根据西藏的历史和现状采取和平解决的方式。1951年5月23日,新中国政府和西藏地方政府的代表就西藏和平解放的一系列问题达成协议,签订了《中央人民政府和西藏地方政府关于和平解放西藏办法的协议》,协议明确规定,有关西藏的各项改革事宜,中央不加强迫,西藏地方政府自动进行改革。该协议受到西藏各民族人民

西藏和平解放纪念碑

的赞成和拥护,也标志着西藏和平解放的完成。至此,中国大陆都已解放,只有台湾处于蒋介石的控制之下,香港处于英国人的控制之下和澳门处于葡萄牙人的控制之下。

解放战争的节节胜利,使各个新成立的解放区建立地方人民政权成为当务之急。根据《中国人民政治协商会议共同纲领》的规定,为了稳定社会秩序,尽快恢复生产,建立地方人民政权首先要建立临时军事管制委员会,之后由上级委派人员组建地方人民政府。经过一段时间的过渡,军事管制委员会完成使命,将权力移交给地方人民政府。

1949年12月,中央人民政府决定将全国划分为五大行政区,分别为东北、华东、中南、西南、西北行政区,并委派专门负责人员到五大行政区组建人民政府或军政委员会,统辖该区的省市地方政权。这五大行政区的领导机构都吸纳进了一定数量的民主人士和其他各界人士。

新中国刚刚建立之初，社会各方面条件还未成熟，短时间内召开人民代表大会仍有困难。于是，在地方人民政权建立的过程中，创造了各界人民代表会议这一过渡形式。人民代表会议的组成人员由军事管制委员会从社会各界聘请一些具有代表性的人士、群众团体推派代表和政府特邀代表组成，主要任务是听取和讨论政府工作报告，提出批评和建设性的意见。1949年12月，中央人民政府发布省、市、县各界人民代表会议组织通则，规定凡具备条件的地方应尽快召开各界人民代表会议，并由其代行人民代表大会职权，选举产生各级人民政府。

到1951年9月底，五大行政区已经初步建立，此外还成立了1个中央直属的内蒙古自治区人民政府，28个省人民政府，9个相当于省的行政区人民行政公署，12个中央和大行政区直辖的市人民政府，67个省辖的市人民政府，2087个县人民政府，由此，从中央到地方、直到基层的一整套政权体系形成了。到1951年10月，全国大多数省、市、县都召开了人民代表会议，到1952年底，所有的省、市、县、区、乡，都召开了人民代表会议，人民代表会议已经成为一项经常的制度，在全国范围内建立起来。人民代表会议代行人民代表大会的职权，通过民主选举的办法产生了省、市、县人民政府的主席、副主席，市长、副市长，县长、副县长，以及人民政府的委员。

1954年9月15日，第一届全国人民代表大会第一次会议在北京隆重开幕，出席会议的代表1210人。大会经过全体代表的认真讨论，一致通过了第一部《中华人民共和国宪法》、《中华人民共和国全国人民代表大会组织法》、《中华人民共和国国务院组织法》、《中华人民共和国人民法院组织法》、《中华人民共和国人民检察院组织法》、《中华人民共和国各级人民代表大会和地方各级人民委员会组织法》等重要法律，并根据宪法规定，选举和任命了国家领导人员。毛泽东被大会选举为中华人民共和国主席，朱德为副主席；刘少奇被选为全国人民代表大会常务委员会委员长，宋庆龄、林伯渠等13人为副委员长。大会根据中华人民共和国主席毛泽东的提名，任命周恩来为中华人民共和国国务院总理。根据周恩来总理的提名，大会通过了国务院组成人员人选的决定，任命陈云、林彪、彭德怀、邓小平等10人为国务院副总理。

至此，随着军事上的全国大陆统一与行政上政府运作的完善，中国开始有条不紊地应对各种遗留的问题以及积极探索未来的发展之路。

稳定社会秩序的努力

中国经历了漫长的百年求索之路,其间中国社会的政治稳定与经济发展都遭受了巨大的劫难。新中国建立伊始,面临的是百废待兴的局面,而国民党遗留在大陆的特务人员和新中国建国前的某些既得利益者还不断兴风作浪,欲以破坏政治经济稳定的方式给新生的中国制造麻烦。新中国政府也只有以严厉的手段应对这些威胁。

蒋介石集团逃往台湾以后,还有相当大的一部分反革命残余人员潜留在大陆,仅西南地区就有土匪、特务等几十万人。朝鲜战争爆发后,这些国民党潜伏人员认为"第三次世界大战"即将爆发,蒋介石"反攻大陆"的时机已到,反革命气焰十分嚣张。他们策划进行各类破坏活动与武装暴乱,对新中国人民的生命和财产安全造成了极大的危害。

如何惩治土匪、特务,维护社会安定,成为当时全国人民一项紧迫的任务。1950年10月10日,中共中央发出了《关于镇压反革命活动的指示》,根据指示到1952年底,在运动中处决或关押了一批罪大恶极的反革命分子,这项举措巩固了全国各级人民政权,使土地改革和国民经济恢复工作得以顺利开展。

解放初期,新中国得以建立的物质基础为国营工业的固定资产,它占全国工业固定资产的80%以上。但由于解放前外国势力的长期掠夺和国民党的搜刮式统治，以及长期的战争摧残，当时中国的国民经济到了全面崩溃的境地。

1949年的工农业产量与中国历史上最高产量比较，钢铁、粮食、棉花等都大幅减少，钢铁更是减少了一半以上。从1937年抗日战争爆发到1949年5月的12年时间里，国民党政府的通货发行量增长了1400多亿倍，物价上涨85000多亿倍，投机势力掌控着整个金融市场，这对新中国的金融市场造成了恶劣影响，导致从1949年4月到1950年2月，全国物价发生四次大幅度上涨，令百废待兴的国家财政经济雪上加霜。刚刚诞生的新中国能否应对这些挑战，克服这些困难，直接关系到新生政权能否巩固，这是对新生政权的严峻考验。

为了巩固人民政权，制止通货膨胀，稳定市场物价，安定人民生活，中国共产党和人民政府积极行动，组织恢复和发展生产。农业方面，政府领导解放区人民开展土地改革运动，减租减息，调动农民的生产积极性，开展爱国增产运动，大力兴修水利和推广农业先进技术，为农业的恢复和发展打下了良好的基础。工业方面，政府积极恢复国营工业和交通运输业，对工矿企业实行民主改革。工人群众面对新生政权的积极政策，生产积极性被极大地调动了起来。

同时，为了打击投机倒把、稳定市场物价，新生政权采取了一系列有力措施，与破坏金融稳定秩序的势力进行了坚决、彻底的斗争。

第一，加强金融管理，制裁破坏金融的领头人物。上海解放后，金融投机分子掀起了一次银元涨价风潮，每枚银元的黑市价格，从人民币的600多元上涨到1800多元。人民政府积极采取行政手段，明令由人民银行挂牌收兑金、银、外币，禁止它们在市场上流通，并查封上海证券交易所这个金融投机的大本营。恶意操纵市场、破坏金融的首要投机奸商上百人均被依法逮捕。随即在北京、武汉、广州等地也采取了同样措施，破坏金融的非法活动得到了有效遏制。这场"银元之战"终于以新政权的胜利而告终，人民币得以比较顺利地进入市场流通，并在全国人民群众中建立了信誉。与此同时，人民政府对私营金融机构也加强了管理，取缔了经营高利贷、地下钱庄等非法机构，对于一般私营钱庄则在禁止其投机活动的同时，引导其将资金投向生产事业，将其纳入到了国家银行的控制之下。

第二，打击投机倒把活动，调集主要物资，实行集中抛售，稳定市场物价。上海解放之初，国民党特务妄图通过控制"两白一黑"（两白为米和棉、一黑为煤），将上海经济乃至政治秩序搅乱，为此，政府采取了积极措施进行应对，一场"米棉之战"在上海打响。政府在全国范围内掌握了大批粮食，控制了煤炭供应量的70%，棉纱的30%，棉布的50%。这些物资成为了打击投机势力、稳定物价的物质基础。针对反动势力掀起的涨价风潮，1949年10月10日至11月10日，国家在上海集中抛售棉纱2万件，棉布30万匹，仅11月7日一天就抛售粮食450多万千克，相当于平时交易量的10倍以上。除上海外，针对全国各地的投机资本家相互串通，共谋物价上涨的情况，中央人民政府采取在各大城市同时抛售的办法，使投机资本家措手不及。从11月25日起，全国各地国营商业连续集中抛售10天，使粮、棉、煤等主要生活品价格下跌30%—40%，导致投机资本家抛出的囤积商品价格急剧下降，政府取得了粮棉之战的胜利。

第三，加强市场管理。国家制定并公布了工商业登记办法，对商业行为进行了严格的监管，未经核准者不得开业；统管物资采购，使大批量的物资采购置于国家的监督之下；建立交易所，将主要物资集中交易，严格禁止买空卖空行为；对物价实行监管，禁止哄抬物价；对守法经营者给予保护，对投机者给予制裁。这些加强市场管理的措施的实行，使工商业经营有序，物价稳定持恒，市场也逐渐朝着健康的方向发展。

国家的这一系列行政管理和经济调控手段的运用，沉重打击了投机倒把活动，稳定了物价，国营经济得到了巩固和发展。为了进一步加强国家对国民经济的调控水平，达到国家财政收支平衡和市场物资供求平衡，进而从根本上稳定物价，1950年2月13日至25日，中央财政经济委员会召开全国财经会议，作出了《关于统一国家财政经济工作的决定》。会议确定了1950年财经工作的总方针：集中一切财力、物力做目前必须做的事。为此，会议决定：统一全国财政收支，使国家财政收入的主要部分集中到中央，除批准征收的地方税外，所有的农业税、关税、盐税、货物税、工商税的一切收入，均归中央人民政府财政部统一调度使用。统一全国的物资调度，成立全国仓库物资清理调配委员会，规定所有仓库物资由政务院财经委员会统一调度，合理使用，使所有的重要物资，从分散状态集中起来，各地国营贸易机关的物资均由中央人民政府贸易部统一指挥。统一全国现金管理，指定中国人民银行为国家现金调度的总机构，规定一切军政机关和公营企业的现金除留若干近期使用外，一律存入国家银行，外汇牌价、外汇调度由人民银行统一管理。

由于以上一系列措施的有力实施，1950年3月以后，国家财政收支接近平衡，通货膨胀停止，物价渐趋稳定。这些措施的重大意义，正如毛泽东指出的"不下于淮海战役"。到1952年底，恢复国民经济的任务已胜利完成。

向社会主义的过渡

新中国建立之初,国家领导人有感于百年求索之路中种种发展模式的难以奏效,摸索着走上了向社会主义过渡的道路。实际上,在新中国建立之前,中国的近邻苏联从20世纪初就开始了社会主义道路的实践。尽管我们今天回顾历史,会发现无论是苏联最初的列宁模式,还是之后的斯大林模式、赫鲁晓夫模式等,都存在一定的问题,但在20世纪50年代,摆在中国面前的只有苏联道路可以借鉴,并且当时苏联的经济的确取得了飞跃式的发展,因此中国在向社会主义道路过渡之初在一定程度上是效法苏联模式的。

从1953开始,中国进入了大规模的对生产资料私有制实行社会主义改造和有计划地进行社会主义建设时期。为适应这个时期社会发展的客观要求,中国共产党提出了过渡时期总路线,这就是:在一个相当长的时期内,逐步实现国家的社会主义工业化,并逐步实现国家对农业、手工业和对资本主义工商业的社会主义改造。1954年2月召开的中国共产党第七届四中全会正式批准了这条总路线。同年9月,这条总路线为第一届全国人民代表大会第一次会议所接受,并被载入第一部《中华人民共和国宪法》。

同样从1953年起,中国开始执行发展国民经济的第一个五年计划。根据过渡时期总路线,中国共产党和中央政府制定的第一个五年计划的主要

第一届全国人民代表大会第一次会议

内容为：集中主要力量优先发展重工业，建立国家工业化的初步基础，有步骤地对农业、手工业和资本主义工商业实行社会主义改造。"一五"计划的主要特点是优先发展重工业；学习苏联的建设经验，以苏联帮助设计的156个项目为主，集中发展近700个大中型项目。在"一五"计划期间，鞍山钢铁公司建成，长春第一汽车制造厂生产出第一辆解放牌汽车，沈阳飞机厂建成投产，武汉长江钢铁大桥竣工，宝成、鹰厦、青藏、康藏、新藏等铁路和公路通车。到1957年，第一个五年计划提前完成。

土地改革胜利完成后，全国范围内广泛开展了农业互助合作运动。1951年9月，中共中央召开了第一次农业互助合作会议，总结了历史上开展互助合作的经验，制定了新中国政府成立后第一个《关于农业生产互助合作的决议》。决议分析了土地改革后农民存在发展个体经济和劳动互助合作两个积极性，指出：要按照积极引导、稳步前进的方针和自愿互利的原则，发挥农民互助合作的积极性，逐步引导农民走集体化的道路。决议强调各级领导机关要对群众起带头作用，采取逐步过渡的措施。具体措施为，首先建立临时互助组，然后有步骤地发展成常年互助组和试办初级农业生产合作社。

中央文件同时强调：为保证农业互助合作健康发展，在处理互助组和生产合作社内部存在的问题上，需采取正确的领导方法，遵守自愿、互利原则，反对强迫命令，同时国家对互助组和合作社会在财力、物力以及技术上给予大力支持。在以上决议精神的指导下，农业互助合作运动得到了较快发展。到1952年底，全国加入农业互助合作组织的农户已占农户总数的40%。

但在1953年春，互助合作运动在一些地区发生了急躁冒进倾向，违反了自愿互利的原则。农业互助合作运动的实际进展，也逐渐超出中央文件的规划，1954年春，全国初级社迅速增加到10万个。在此形势下，中央农村工作部于1954年4月召开了全国第二次农村工作会议。10月，全国第四次互助合作会议召开。这两次会议上都提出修订发展规划，决定在1955年春耕前全国初级社发展到60万个，到1957年前后，基本上完成初级合作化。

从1954年秋到1955年春，全国初级社猛增到67万个，一些地区再次出现急躁冒进倾向，经过初步整顿，全国农业合作社缩减了两万个，由67万个减至65万个，并全部巩固下来。到1956年1月，加入合作社的农户达到全国总农户的80.3%，到该年年底，加入合作社的农户达到全国农户总数的96.3%，其中参加高级社的农户占全国农户总数的87.8%。这样农业合作化仅仅用了7年时间就完成了，比预定期限整整提前了11年。

1953年4月，中共中央发出《关于应当重视手工业的指示》指出，个体手工业者和个体农民既是小私有者又是劳动者，应该引导他们在自愿的基础上联合起来，积极开展互助合作，由个体所有制改变为集体所有制，逐步将他们纳入国家计划经济轨道。同年11月20日至12月17日，中华全国合作社联合总社召开第三次全国手工业生产合作会议。会议要求各地采取积极领导、稳步前进的方针，同时反对要求过高，盲目发展，反对放任自流、停步不前。从供销入手，由小到大，由低到高，逐步实现对手工业生产的社会主义改造。

到 1955 年底，全国手工业合作社（组）已发展到 6.8 万多个，社员 220 万人，约占全国手工业从业人员的 29%。1956 年春，掀起了全国范围的手工业合作化高潮。同年年底，加入合作社的手工业者达到 600 多万人，占全部手工业者的 91.7%，基本上实现了全国手工业的合作化。

在国民经济恢复时期，对资本主义工商业的社会主义改造也已经开始。当时采取初级形式的国家资本主义，在工业产销中，主要是加工订货、统购、包销；在商业中主要是经销、代销。1953 年 9 月，政府公布了《公私合营工业企业暂行条例》。条例规定，对资本主义企业实行公私合营，应根据国家的需要、企业改造的可能和资本家的自愿，积极而又稳妥地进行。1954 年，政府对资本主义工商业的改造有了显著成果，开始转入重点发展公私合营这种高级形式的国家资本主义。合营后的企业，由国家选派干部进行领导，一些企业还新建、扩建，工人的积极性被调动了起来，这些合

庆祝公私合营

营企业的发展速度稳步上升,利润增加明显。

  1954年12月,中央提出按行业改造的方针,各个行业以大带小,以先进带落后,先对中小企业进行改组、合并,然后实行公私合营。1955年北京、天津、上海等地的一部分行业先后实行了全行业的公私合营。资本主义工商业社会主义改造在有序进行。1955年秋,全国很多地方出现了全行业合营的新情况,整个行业几十家、几百家工厂一起实行公私合营。如北京市的棉布店、机电厂和面粉厂实行了全行业合营,上海市的棉纺、麻纺、毛纺、面粉、碾米、造纸等几个行业实行了全行业合营,天津市一部分粮食代销店直接转变为国营粮店。1956年1月,作为我国第一个完成社会主义改造的城市,北京实现了全行业的公私合营。此后上海、天津、南京、武汉、广州等全国所有大城市及中小城市,相继实现了全部资本主义工商业的公私合营。

  对农业、手工业和资本主义工商业社会主义改造的完成,标志着新中国向社会主义过渡的初步完成,同时也推动了计划经济体制的确立。

计划经济体制的确立

第一个五年计划期间，中国高度集中统一的计划经济体制基本形成，而这一时期计划经济体制的推行之所以能够较为顺畅，与当时社会整体的经济环境状况有关。首先，新中国面对的是百废待兴的局面，国家的建设资金有限，只有集中使用，才能更好地发挥效益；其次，工业尤其是重工业基础薄弱，技术力量和经验缺乏，只有集中力量才能保证重点建设的需要，维持国家的生存与稳定；最后，一些项目，尤其是苏联帮助设计的重点工程项目，仅一省一地的能力根本无法办到，只有由中央及有关部门集中统一管理，才能使得这些项目得以合理实施。正是在这样的历史背景下，形成了集中统一管理的计划经济体制。

同时，人民渴望国家迅速发展壮大的热情也被点燃，20世纪50年代，这种激情几乎感染着新中国的每一个人。人们看到了中国的近邻苏联在计划经济的模式下正迅速成长，在二战的废墟上很快建起了一座座工厂。人们也都希望新中国能迅速成长起来，因此计划经济模式从上至下被看成是一剂能够解决发展问题的猛药。

在一个拥有广大地域面积与众多人口数量的中国，尤其是面对着残破的局面时，只有计划经济这种形式才能够充分实现上令下达、统一步伐，才能够使行动高效。中国有着五千年的文明史，有着历朝历代的辉煌局面，又有着近百年的屈辱史,当新中国成立后,几乎每一个人都希望中国能够在旦夕之间就走上复兴之路,能够重塑大国风范,因此在某种意义上说,全体国民迫切自强之心也是计划经济得以形成的助推力。

为了适应集中统一管理的计划经济体制,1952年11月,中央人民政府决定设立国家计划委员会。随后,中共中央要求县以上各级人民政府均要建立计划委员会。这样由国家计委、中央各部计划司、各省市自治区和县级计委、地方各级计划处(科)、企业单位计划科(股)所组成的自上而下的计划机构体系便形成了。国家实行直接计划(指令性计划)与间接计划(指导性计划)相结合的管理方法。各级计委在业务上同时受上级计划机关及国家计委的指导,有力地加强了经济工作中的直接计划管理工作。

财政体制上,1950年3月,政务院颁布《关于统一国家财政经济工作的决定》,奠定了中央集权型的财政体制的基础,实行绝大部分财政归中央,"统收统支"。一年后,改为"划分收支,分级管理",分级是指分成中央、大行政区、省(市、自治区)三级财政,后改为中央、省(市、自治区)、县(市)三级财政。在保证大部分资金集中在中央的前提下,中央统一领导,分级管理,层层负责。这种财政体制,即保证了集中统一,又留有一定的灵活性,有效地保证了中央财政收入的稳定。

工业管理体制上,1954年前,除华东地区外,工业企业基本由各大行政区管理。大行政区撤销以后,主要工业企业陆续收归中央各部直接管理。为了适应这种工业管理体制,国家实行了由中央统一分配生产资料的物资管理体制。从1950年起,国家对钢材、煤炭、木材、水泥等八种主要物资实行计划供应。

商业流通体制上,国营和供销合作社的商业体系自上而下建立了起来,并实行高度集中的管理体制,各专业公司对设在各地的分支机构进行统一管理和经营。1953年后管理体制有所变动，改为统一领导、分级管理的制度。国家从1953年起，根据不同商品在国民经济中所占的地位，分别采取了统购统销、派购、议购等不同购销形式。对外贸易始终实行国家统制政策，进出口业务由国家所设外贸公司负责。

劳动工资体制上，国家采取人力、物力统一调配的政策。1953年11月中共中央为妥善、合理解决干部问题，规定了统一调配，重点配备，大胆提拔的原则。第一个五年计划期间，统一分配范围逐步扩大，从大中专毕业生、技校毕业生，到干部、复员退伍军人和工人，都纳入进了统一分配的范围。工资管理上，新中国成立初期没有统一的工资制度，1954年后，全国实行统一的工资制度。1956年国务院颁布了工资改革方案，规定工资一律按货币单位计算，并对党政机关工作人员、企业事业单位职工的工资标准、定级、升级等，均按全国统一规定执行。

经过一系列的改革以及遍及各个行业、各项内容的政策的出台，伴随着第一个五年计划的完成，新中国的计划经济体制全方位确立。无论是西方经济学的奠基人亚当·斯密，还是马克思主义理论的奠基人马克思，都充分认识并阐释过市场经济的重要作用。但是马克思在1871年巴黎公社的实践中也看到了计划经济雏形所具有的优势，这种优势又在苏联成立初期的卫国战争中得到进一步展现，也因此成为苏联一以贯之的经济政策。新中国政府在20世纪50年代初所看到的还只是计划经济体制的优势一面，至于苏联的轻重工业失调所显现出的问题也只是被看成计划经济模式中的小问题，其他的劣势则更要在实践之中慢慢展现，所以中国在20世纪50年代几乎是理所当然地走上了计划经济体制之路，社会主义建设将在曲折探索中前行。

社会主义建设的曲折探索

新中国的奠基完成后，就开始了大刀阔斧的建设之路。但由于中国走的是社会主义道路，因此只有近邻苏联的发展模式可咨借鉴，所以在社会主义建设伊始，中国在发展模式上很大程度学习了苏联。由于无论是国家领导人，还是普通民众，都对于改变中国积贫积弱的旧面貌，迅速走上复兴之路充满了热切的渴望，因此在发展过程中求快思维渐渐压倒了务实精神，大跃进、浮夸风出现了，对于社会主义建设产生了一定程度的负面影响。党和政府领导人意识到大跃进、浮夸风的问题并意欲纠正，但又错误地估计了当时国内的政治形势，并被别有用心的林彪集团和四人帮所利用，发动了文化大革命，并长达十年。社会主义建设在曲折的探索中前行。今天，虽然我们通过回望历史能够发现当初社会主义建设中的种种纰漏，但本着实事求是的精神我们会看到，对于缔造新政权、探索发展新模式的新中国来说，在其曲折的探索之路中，留下的不只有教训，也有经验，中国的发展遭受了挫折，但也有重大成绩。我们只有理性、辩证地认知新中国社会主义建设探索之路中的点点滴滴，才能够更清醒地认识现代中国的发展脉络。

社会主义建设的初步成效

第一个五年计划的顺利完成以及计划经济体制的确立，鼓舞了全国人民的生产积极性，迅速发展、赶超发达国家的激情已经成为全社会共同的动力。但社会主义改造的完成以及计划经济体制的确立，只是在借鉴苏联模式基础上完成的初步建设，如何以适应中国国情的方式，摸索有中国特色的社会主义道路，成为了摆在中国共产党和全国人民面前的重大课题。

为了更准确地了解国家各方面的状况，时任国家副主席的刘少奇在1956年初，听取了工业、交通部门的工作汇报。从1956年2月起，毛泽东也用一个月的时间听取了国务院工业、农业、运输业、商业、财政等各个部门的汇报，以及国家计委关于第二个五年计划的汇报。1956年4月25日召开的有各省、市、自治区党委书记参加的政治局扩大会议上，毛泽东作了《论十大关系》的报告，5月2日又在最高国务会议上作了进一步的阐述。

《论十大关系》报告的主旨是调动一切直接的和间接的力量，为把中国建设成为一个强大的社会主义国家而奋斗。在认真总结建国初期社会主义革命和建设的经验教训的基础上，特别是为避免苏联建设过程中的一些教训，毛泽东阐述了社会主义建设中的十大关系，即重工业和轻工业、农业的关系；沿海工业和内地工业的关系；经济建设和国防建设的关系；国家、生产单位和生产者个人的关系；中央和地方的关系；汉族和少数民族的关系；

党和非党的关系;革命和反革命的关系;是非关系;中国和外国的关系。

在前四种关系上,毛泽东强调建国初期没有犯原则性错误,并取得了一定成绩,但鉴于苏联片面发展重工业的教训,在以后的发展中要适当调整和平衡工业与农业两大产业、重工业和轻工业两大部门的比例关系,调整和平衡沿海工业的改造、扩建与内地工业的新建之间以及经济建设与国防建设之间的比例关系,在发展经济的同时,注重人民生活的改善。要通过正确处理生产单位和生产者的关系,改善企业和合作社的内部治理。在中央和地方关系上,毛泽东强调应在巩固中央统一领导的前提下,扩大一点儿地方的权力,给地方更多的自主性,使地方经济更具活力。

在政治方面的关系上,毛泽东指出,在汉族和少数民族的关系上,既要反对大汉族主义,也要反对地方民族主义,要诚心诚意地积极帮助少数民族发展经济建设和文化建设,巩固各民族的团结。在党和非党关系上,中国共产党和其他民主党派实行"长期共存,互相监督"的方针,但无产阶级专政要坚持和加强。在革命和反革命关系上,毛泽东认为之前对反革命的镇压是必须的,但到1956年时反革命分子已经大量减少,以后要少捉少杀。

在是非关系上,强调对待党内犯错误的人,要坚持"惩前毖后,治病救人"的方针,既要批评斗争,也要团结帮助。在中国和外国关系问题上,指出一切民族、一切国家的长处都要学,外国优秀的政治、经济、科学、文化等要学,但必须有分析有批判地学,不能照抄照搬。

《论十大关系》的报告是以经济建设为中心,辅以政治推动的观点提出了中国共产党领导全面社会主义建设的新思路,在社会主义建设的初期产生了重大的积极作用。

在经济建设、政治协调方针出台之际,中国共产党和政府对于科学文化事业如何发展也展开了讨论。1956年4月28日，毛泽东在中共中央政治局扩大会议上提出，艺术问题上的"百花齐放"，学术问题上的"百家争鸣"，应该成为重要的方针。同《论十大关系》一样，在5月2日的最高国务会议上，科学文化事业上的"百花齐放，百家争鸣"再度被强调。"百花齐放，百家争鸣"方针的提出，使广大知识分子欢欣鼓舞，从1956年到1957年，中国的科学文化事业迎来了一次发展的高潮。

1956年9月15至27日，中国共产党第八次全国代表大会在北京召开。毛泽东在大会开幕式上致开幕词，提出这次大会的任务是：总结以往的经验，团结全党，团结国内外一切可以团结的力量，为了建设一个伟大的社会主义中国而奋斗。

八大正确分析了国内的主要矛盾，认为无产阶级同资产阶级的矛盾已经基本解决，国内的主要矛盾已经是建立先进的工业国的要求同落后的农业国现实之间的矛盾，已经是人民对于经济文化迅速发展的需要同当前经济文化不能满足人民需要之间的矛盾。

党和全国人民的主要任务就是解决矛盾，推动中国由落后的农业国转变为先进的工业国。针对第一个五年计划中出现的问题，八大提出了既反保守又反冒进，在综合平稳中稳步前进的经济建设方针。

八大还提出，计划经济体制是值得肯定的，但中央也不应集权过多，国家对企业管理的过严过死，在国家统一市场的领导下，应组织一部分自由市场，增加社会活力。

八大还提出加强社会主义民主和法制，加强执政党的建设，反对党员干部的官僚主义、主观主义和宗派主义。中共八大以后，中国共产党领导全国人民全面贯彻八大路线，在探索符合本国国情的社会主义建设道路上取得了重大进展。

中国八大之后,国际国内形式出现了一些新的动向。在国际上,苏联召开的苏共二十大对斯大林采取了批判态度,引起了苏联和东欧一些国家的连锁反应,毛泽东不赞成赫鲁晓夫在苏共二十大上对斯大林的全盘否定态度。在国内,由于一些官员工作中的官僚主义作风,引起了一系列工人罢工、学生罢课事件,社会是否还存在矛盾,存在什么样的矛盾引起了中共中央的高度重视。

1957年2月27日,毛泽东在最高国务会议第十一次扩大会议上作了《关于正确处理人民内部矛盾问题》的讲话,并于6月19日正式发表。讲话指出,矛盾分为敌我矛盾和人民内部矛盾,在三大改造完成后,正确处理人民内部矛盾是国家政治生活的主题,并提出处理内部矛盾应遵循"团结—批评—团结"的方针。

从《论十大关系》到正确处理人民内部矛盾,中国共产党和中国政府在新中国的社会主义建设方针上逐步摸索,促进了社会的发展。

整风运动与反右斗争

中国共产党自成立之初就注重党员队伍建设，有整风运动的传统和经验教训，所谓整风一般指整顿党风、学风和文风，目的是克服主观主义、宗派主义、官僚主义等错误的思想作风。

早在抗日战争时，延安整风运动就是中国共产党历史上具有典型意义的整风运动。新中国成立以后，到1956年社会主义制度基本建立起来，中国共产党作为执政党，在建设社会主义新时期中缺乏经验，党内的一些同志逐渐滋生了官僚主义作风和骄傲自满情绪，滥用党的威信，单纯靠行政命令办事，主观主义和宗派主义也同时出现，一些党员领导干部出现了贪污腐败现象，许多人还习惯用阶级斗争的方式对待和处理人民内部矛盾问题。

这些情况使领导人意识到执政的共产党在领导社会主义建设过程中很有必要进行整风运动，因此，1957年4月27日，中共中央发出《关于整风运动的指示》，号召在全党进行一次普遍的、深入的反官僚主义、反宗派主义、反主观主义的整风运动。整风运动要坚决实行"知无不言，言无不尽；言者无罪，闻者足戒；有则改之，无则加勉"的原则，以达到"惩前毖后，治病救人"的目的。1957年4月30日，毛泽东在天安门城楼上召集民主党派负责人和无党派人士进行座谈，讲明了共产党进行整风运动

《人民日报》关于整风运动的报道

的目的和意义。

中国共产党提出整风运动以后,广大群众积极响应,各民主党派、大专院校、新闻出版、科技、文艺、卫生等部门也纷纷组织讨论,向党提出各类意见。大多数党内外人士的意见是诚恳的、正确的,这是发扬社会主义民主的正常步骤,有利于党的整风运动和党的建设发展。

但是,在整风运动过程中,出现了另外一种情况,极少数人借整风运动这个时机,向中国共产党和社会主义制度发动进攻,他们反对共产党执政,把人民民主专政说成是产生官僚主义、宗派主义和主观主义的根源等。

面对这种情况,毛泽东和党中央决定采取反击行动。1957年5月15日,毛泽东在写给党内干部阅读的《事情正在起变化》一文中,对当时极少数人的言论上的进攻作了过于严重的估计。6月8日,党中央发出由毛泽东起草的《组织力量反击右派分子的猖狂进攻》的党内指示,指出这是一场伟大的政治斗争和思想斗争。同日,《人民日报》发表由毛泽东确定的社论《这是为什么？》，要求人们用阶级斗争的观点来观察当前的种种现象，反击那些对党和对体制进行批判的右派。

反右派斗争首先在省、市以上党政机关和知识分子集中的高等院校、民主党派、文艺界、新闻出版界、科技界、卫生界中进行，到9、10月间，整风运动发展成为全党全民的政治运动，各个机关和大专院校等单位都在进行反击右派分子的斗争，很多人被定性为"反社会主义分子"、"坏分子"，到1958年夏季，整风运动和反右派斗争结束。

在当时的政治形势下，的确有少数人为了个人既得利益的受损或是小团体的利益受损，偏激并偏颇地对新生政权展开攻击。这样的情况甚至在每一个国家每一个政权新生的过程中都曾存在过。每一个新生政权也都要以各种各样的方式处理这种尖锐的声音，才能够保证社会的稳定与发展，否则混乱与动荡就会持续，广大群众的利益就要受损。但问题是，当时的国家领导人对于这种个别性的、少数的偏激而偏颇的言论做了过分严重的错误估计，从而使反右派斗争被严重扩大化，大批干部、知识分子和爱国民主人士遭到了错误的打击，一些人受到了长期不公正的待遇。比如，1957年夏在反右派斗争严重扩大化过程中，北京大学校长、著名经济学家马寅初与他的著作《新人口论》遭到错误的批判。马寅初拒绝在"科学面前认错"，他被迫辞去北大校长，后来被剥夺了公开发表文章等权利。直到20多年后，中国由于人口太多，增速过快，被迫将"计划生育"定为基本国策时，才显示出马寅初与他的著作具备的学理性与现实性，这是深刻的历史教训。

大跃进与浮夸风

新中国第一个五年计划1953开始推行，到1956年完成，五年的计划用了三年的时间就完成，可以体现出中国人当时对于迅速赶超欧美等发达国家的向往以及所表现出的十足干劲，但无论主观上的意识如何好，求快的过程中难免会有操之过急和不完善的地方。而对于身处当时当地的人们来说，无论是政府的领导者还是普通的民众，他们所充溢着自豪感和自信心远远超出了理性的分析，他们忽视了速度背后的问题。

1957年10月，苏联发射了第一颗人造地球卫星，吹响了人类向太空进军的号角。这在人类历史上是破天荒的大事，引起了全世界的震惊。1957年11月，毛泽东出席了在莫斯科举行的苏联十月革命40周年庆祝大会。会议上，赫鲁晓夫发出了要在今后15年内赶上并超过美国的豪言壮语。受其启发和刺激，在取得中共中央其他领导人的同意后，毛泽东在各国共产党工人代表会议上提出，苏联可以用15年超越美国，中国就可以用15年赶上或者超过英国。

毛泽东的想法，迅速转化成了指令式的行动。1957年11月13日的《人民日报》社论中，出现了一个新的名词"大跃进"，于是这个具有标志性的名词拉开了新中国跃进的序幕。第一个五年计划的提前完成及其所取得的成果让不少领导干部滋生了骄傲自满的情绪，他们开始过度夸耀人的主观能动性，开始急于求成，"人有多大胆，地有多大产"，在那个时代这句话似乎成为真理。

中国古代有个谚语叫做揠苗助长，出自《孟子》一书，说的是一个人觉得禾苗长得慢，于是把禾苗拔出一段，结果再回田里看时，禾苗都已经枯萎了。两千多年前孟子的一个讽喻，不料在两千多年后竟成了一个影响重大的现实。

1958年6月8日，《人民日报》登载粮食亩产放"卫星"的浮夸报道。由于苏联发射的卫星被看成是人类壮举，因此中国的浮夸式报道也开始用引申的意义称为放"卫星"。该报道称河南省遂平县卫星农业社5亩小麦平均亩产达到2105斤。6月12日，又报道该社放出的第二颗"卫星"，2.9亩小麦试验田，亩产达3530斤。随后，各地陆续放出了小麦、水稻等作物的亩产"卫星"，所报道的亩产量越来越高，也越来越离谱。

9月5日，《人民日报》报道广东省连县1.73亩水稻亩产量竟已经达到60437斤。由此可见，这些所谓"高产典型"该有多么大的水分在内。然而，这些所谓"高产典型"和后来陆续放出的所谓的"高产卫星"比较起来又算是小巫见大巫了。

1958年6月初，国家计委提出了《第二个五年计划要点》，其中提出五年超过英国，十年赶上美国。这个速度又把原本的十五年时间大大缩短了。这个文件得到了毛泽东的首肯。到了6月中旬，五年超过英国的计划又再度被缩短为两年超过英国，当真如毛泽东的诗词中所说："一万年太久，只争朝夕。"毛泽东看后，更加高兴，并亲自批示。因为是领导人亲自批示的，文件精神很快就被传达到基层单位。

但当文件到达地方后，地方上有的不只是兴奋，还有茫然。落后的新中国，转眼之间就能超过英国、赶上美国，这样的愿景是任何人都想看到的，因此不能不兴奋。可兴奋之余，人们不禁要想，要怎么赶超呢？也许还需要更加快速的跃进，或者说更加不切实际的浮夸。

很快，浮夸风愈演愈烈。与前面的"高产典型"比较起来，更为耸人听闻的"高产卫星"出现了。1958年10月1日《天津日报》报道，天津市的东郊区新立村水稻试验田，亩产12万斤，并称在田间的稻谷上可以坐人，让群众参观。到了10月8日和10日两天，《天津日报》又分别报道天津市双林农场"试验田"，亩产稻谷126339斤的特大消息，一时轰动全

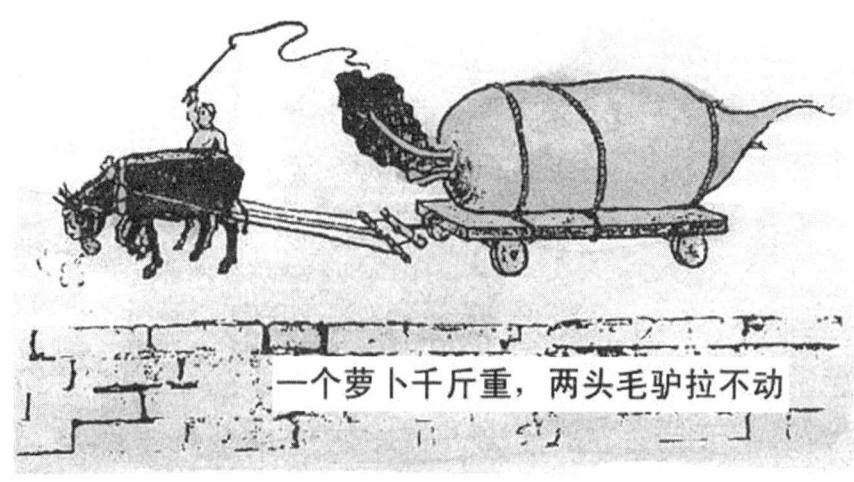

大跃进宣传画

国，可称得起亩产之最了，真可谓前无古人，但却不是后无来者。

在各地农业普遍"放卫星"虚报浮夸的气氛下，1958年8月，在北戴河召开的党中央政治局扩大会议，提出人民公社将是建成社会主义和向共产主义社会迈进的基层单位。于是各地出现了建立人民公社的高潮，到1958年底，全国74万个农业合作社改组合并为26 000多个人民公社。

在生产上的大跃进一浪高过一浪的时候，文艺创作上也开始了大跃进。1958年3月，中共中央发出号召，号召广大人民群众大力搜集和创作新民歌、新民谣。于是，文艺创作的大跃进旋即展开。全国文联及各省、市、自治区和各地县党委都纷纷发出有关收集新民歌民谣的通知，要求成立"采风"组织和编选机构，开展规模浩大的"社会主义采风运动"，并强调这是一项政治任务。任务自然就要有指标，于是各地纷纷制定出了自己的指标。甘肃省规划半年产生500名作家，一年出现2000名作家，三年出现10000名作家；湖北省红安县则出现了1000多位民间诗人等。

在农业上的大跃进、文艺创作上的大跃进进行过程中，中共中央很快将大跃进的工作重点转移到了工业上来。放眼寰球，世界上那些发达国家如美、英等国都是以工业化奠定自己的强大根基的，而苏联也是通过工业化的发展使国力迅速提升的，因此，新中国的决策者们也感到要把工业作为发展的重点，一旦工业化迅速推进，赶英超美就易如反掌了。而此时，支撑工业的又主要是钢铁产量，军工武器的制造也严重依赖钢铁，在中国工业基础薄弱，以美国为首的西方国家对中国进行封锁、遏制，而苏联要控制中国的目的也越来越明显时，新中国的领导人感到了巨大的压力。如何摆脱这种压力呢？大炼钢铁似乎是一条光明大道。毛泽东曾明确指出，中国处在被轻视的地位，就是因为钢铁不够。因此，"以钢为纲"原则被提出并立刻掀起了全民大炼钢铁的高潮。起初，炼钢炼铁是工厂积极增产，增产不成就开始浮夸，但很快跃进的风潮促成了全民大炼钢铁的局面，不仅工厂炼钢炼铁，就连机关、学校，甚至各个生产队都组织人马，竖起炉子，加入大炼钢铁的大军。

炼钢炼铁之初还是通过铁矿石炼铁，尽管各地竖起的小洋炉、小铁炉炼出的钢铁根本派不上任何用场，也毁坏了很多的矿藏资源，但很快人们为了完成难以完成的指标，已经不甘于通过矿石来炼钢炼铁，开始纷纷把废旧的铁器重新熔铸，进而把自己日常生活中使用的铁锅、铁勺也都砸碎之后重新熔铸。这就像是古希腊祭奠酒神的狂欢，这时人们的理智已经被冲动和不切实际的梦幻所淹没。

文化大革命的展开

20世纪的60年代，原本从工业发展的场景来看，应该是值得欣喜的。欧美等西方国家已经从二战的废墟上再度发展起来，第三次科技革命已然拉开了序幕。苏联等国也已从二战造成的重创中恢复过来，可以说开始了第一次真正现代化的步伐。中国在经历了20世纪50年代盲目的大跃进和浮夸之后，发现并没能解决发展问题，痛定思痛，希望把经济拉上正轨，并且也已经取得了一些成效。非洲大陆上一些新生国家纷纷出现，第三世界之间的合作也颇见成效。

但是，在这些乐观的宏观图景之下，世界范围内都弥漫着一种不安和不满。这种不安和不满将20世纪的60年代铸造成了一个动荡的年代，一个激进的年代。

在美国，政府发动的越南战争激起了越来越多民众的不满，一些反战人士纷纷走上街头谴责政府的暴行；马丁·路德·金领导的黑人运动蓬勃开展起来；女权主义者掀起的女权运动和示威游行的呼声获得越来越多的支持和认可。然而，这些变革都不如一种忧虑和无奈来得强烈，这就是"嬉皮士"运动。

所谓"嬉皮士"，是指美国20世纪60年代那些蔑视传统，废弃道德，有意识地远离主流社会，以一种不能见容于主流社会的独特的生活方式，来表达他们对现实社会的叛逆的年轻人。甚至有人说他们反传统、反文化，甚至是反理性。总之，就是他们在美国社会掀起了一道道波澜。1966年被认为是美国"真正的嬉皮士之年"，"嬉皮士"运动于1967年春夏之间达到高潮。数万反主流文化的美国青年以诸如怪诞的发型、奇异的装束、震耳欲聋的嘈杂音乐、荒唐的集会、放荡的性行为以及吸毒等"垮掉的一代"的形象，表示对权威的蔑视和对政府的反叛。他们反正统、反文化、反体制、反权威、反价值、反学校、反城市、反主流、反政府……在"一切开放，怎么都行的六十年代"，整个年轻一代似乎都处于"打倒一切"的反叛亢奋之中。

在法国，1968年的学生运动让政府一时间手忙脚乱。到了5月份，"五月风暴"刮遍了法兰西大地，运动的主体也由学生扩展到教师、工人，人数由几百人发展到几千人、几万人。人们尤其是学生不满于现在的秩序，希望能够推翻现在的社会体制，然后缔造一个新的出来。这场风暴几乎使法国的整个国家机器陷于瘫痪，后来虽然法国总统戴高乐想尽办法使风暴渐渐平息下来，但是法国并没有就此雨过天晴，它的经济遭受了重大的打击，同时众多的危机也一一显现出来。

在东欧，1968年捷克斯洛伐克共产党中央第一书记杜布切克在一批不愿受苏联制约的青年人的推动之下宣布改革，开始了"布拉格之春"，有意跳出苏联模式的束缚寻求一条独立自主的发展道路。然而，苏联并不愿意自己阵营中的一员脱离自己的管制，大国沙文主义思想使苏联出兵捷克斯洛伐克。最终在枪炮与坦克的高压之下，捷克斯洛伐克的一次摸索失败了。

整个20世纪60年代，世界就是笼罩在这样的一种激进的氛围之中，中国也成为了其中的一个个案，并且是一个非同寻常的个案。

在中国，这个激进的年代开始于1966年的5月，这个激进年代有着一个独特的名字，叫"文化大革命"。实际上在这场"文化大革命"爆发之前，中国已经经历了一场作为文革前奏的反右派斗争和反右倾运动。反右派斗争开始1957年的6月，毛泽东等领导人认为在当时的民主党派和高校内存在着一些右派分子，他们攻击共产党政权，居心叵测，必须用阶级斗争的态度来对待右派分子。到了1959年7、8月间，原本旨在纠正大跃进、人民公社化等错误的庐山会议召开了。当彭德怀给毛泽东写信坦诚、正确地谈自己对大跃进等问题的看法时，毛泽东却将矛头对准了彭德怀，说彭德怀的信是代表右倾机会主义分子向党进攻的纲领，并说形成了以彭德怀为首的反党集团。如此一来，庐山会议转变成了对彭德怀的批判大会。

中央领导层的这种错误思想和情绪，或者说激进的脱离实际的看法，很快被以江青、王洪文、张春桥、姚文元为代表的四人帮和林彪等人利用，于是在1966年5月，新中国最大的一场磨难——"文化大革命"开始了。

1966年5月16日，中共中央下达了《中国共产党中央委员会通知》，通知中强调在当前的党、政、军和文化领域里都混进了一批资产阶级的代表人物，并据此要求全党要彻底揭露那批反党反社会主义的所谓"学术权威"的资产阶级反动立场，彻底批判学术界、教育界、新闻界、文艺界、出版界的资产阶级反动思想，夺取在这些文化领域中的领导权。根据会议决定，5月28日宣布成立"中央文化革命小组"，从一开始它实际上就成为"文化大革命"的指挥机构。这个通知下达后，群众性的政治运动在全国迅速展开。

1966年5月29日，清华大学附中的一些高中学生在圆明园秘密成立了"红卫兵"组织，在学校进行"文化大革命"。他们声称自己是保卫毛主席的"红色卫兵"，毛主席是他们的"红司令"。5月29日因此成为红卫兵的诞生日。

到了8月8日，中共八届十一中全会又通过了《中共中央关于无产阶级文化大革命的决定》，决定指出当前运动的重点是整党内那些走资本主义道路的当权派，并且要不怕出乱子。于是，文化大革命如狂风暴雨一样迅速席卷全中国。

红卫兵在"保卫毛主席"和"反修防修"等口号鼓动下，高呼"造反有理"等口号，在全国掀起批判"资产阶级反动路线"的狂潮。大批红卫兵冲向文化团体、文物古迹、教育机构、党政机关，冲向社会的各个领域，对他们认定的所谓"封、资、修"事物进行大破坏，对他们认定的"黑帮分子"、"资产阶级代表人物"、"反动学术权威"、"反革命修正主义分子"等，采取批斗、抄家、殴打和侮辱等种种残酷手段加以迫害，许多爱国民主人士、原工商业者和归国侨胞等受到冲击。

1968年12月22日，《人民日报》发表题为《我们也有两只手，不在城里吃闲饭！》一文，内容说的是甘肃省会宁县城镇一批知识青年纷纷奔赴农村，安家落户的事。于是全国城镇知识青年纷纷到农村、农场、生产建设兵团安家落户，参加农业生产，形成大规模的群众运动，在全国掀起了知识青年上山下乡的热潮。广大知识青年上山下乡，到农村和边疆，的确经受了劳动锻炼，为开发、振兴祖国不发达地区做出了一些贡献，但是，从整体上说，全国近2000万的知识青年上山下

知识青年上山下乡宣传画

乡，造成知识人才成长的断层，对整个中华民族的文化科技事业是很大的损失。

这场狂风暴雨式的文化大革命却并没有在短时间内停歇，而是整整持续了十个年头。这十年之中中国的政治上波澜起伏，经济上踽踽不前，文化事业上更是遭受了惨重的破坏。这场文化大革命造成的磨难是全方位的。

林彪集团与四人帮的覆灭

由于林彪在"大跃进"运动、"文革"初期等重大政治运动过程中都公开支持毛泽东的政治主张，因此得到毛泽东的赞赏与提拔。在1959年的庐山会议上林彪取代彭德怀出任国防部长主持军委日常工作，在1966年8月党的八届十一中全会上林彪成为唯一的党中央副主席。

1969年4月1—24日，中共九大在北京召开，由党中央副主席林彪作政治报告，通过党的代表大会把"文化大革命"运动进一步理论化。九大把林彪确定为毛主席的接班人。林彪在"文化大革命"中利用毛泽东对他的信任与党中央副主席和中央军委副主席的职务，打着拥护毛泽东的旗号，煽动"怀疑一切，打倒一切"，迫害干部和群众，安插亲信，培植党羽，妄图夺取党和国家的最高权力。

1971年9月初，林彪集团先后制定了几项计划意图谋害毛泽东，但都没有成功。林彪集团谋害毛泽东的阴谋败露以后，林彪等在慌乱中作出决定，准备南逃广州，企图另立"中央"分裂国家。该情况被林彪的女儿林立衡汇报给她所在单位的上级领导，进而转到周恩来那里，使林彪集团分裂国家的妄想破灭。林彪决定仓皇出逃。

1971年9月13日零时32分，林彪及妻子叶群、儿子林立果等人乘坐256号飞机，在没有做好启航准备的情况下仓皇起飞，外逃叛国，在飞经蒙古人民共和国温都尔汗地区时飞机坠毁,这就是"九·一三事件"。

"九·一三事件",对于毛泽东在政治方面打击很大,毛泽东开始选择新的接班人。王洪文,吉林省长春市人,1951年4月参加中国人民志愿军,参加了抗美援朝战争,同年在部队入党。1956年复员后,在上海国棉十七厂担任保卫科干部。"文化大革命"开始后,王洪文和同厂六人起来"造反",1967年王洪文当上了上海市革命委员会副主任。

王洪文的背景与经历被毛泽东看好,经过层层提拔,1973年5月,王洪文开始担任党中央副主席,名字排在周恩来之后。由于王洪文自身能力较差,就要依靠别人。王洪文认为毛泽东的夫人江青是最可靠的人,甚至认为自己应该"服从"江青。而江青也特别需要王洪文这样的人成为自己夺取最高权力的得力"帮手"。这样,江青、王洪文、张春桥、姚文元结成"四人帮"集团。

毛泽东很快发觉了四人帮集团的不正常举动,并多次批评他们搞帮派。1974年7月17日,在中央政治局会议上毛泽东明确批评江青、王洪文、张春桥、姚文元搞"四人小宗派",这是毛泽东第一次在政治局会议上公开提出"四人帮"的问题。"四人帮"受到毛泽东的几次批评以后表面上不得不有所收敛,但是,他们仍在继续进行夺取最高权力的活动。

1976年,一个时势多艰的年份。这一年的1月18日,中共中央副主席、国务院总理、政协全国委员会主席周恩来病逝,民众陷入巨大的悲痛之中。7月6日,党和国家的重要领导人朱德病逝。9月9日,中国的伟大领袖毛泽东病逝。一时间悲伤的气氛举国弥漫。同一年内三位重要的国家领导人病逝,这对全中国的打击都是巨大的。与此同时,自然灾害也向人们袭来。7月28日,唐山发生了7.8级的大地震,造成了巨大的人员伤亡与财产损失。

在这灾难频繁之际,四人帮丝毫没有把国家、民众的利益挂于心间,而是开始了急切的夺权行动。种种迹象表明,四人帮要通过发动反革命政变来夺取国家的最高领导权,四人帮的爪牙们也开始大肆鼓吹10月的7、8、9日会有特大喜讯。时事危急,千钧一发。中国已经在磨难中艰难跋涉了十年,现在中国的天似乎要变了,不过将是乌云密布还是晴空万里,一切还未成定数。

1976年10月6日,中共中央办公厅主任的办公室里,人们进进出出,神情紧张。原来在四人帮大肆喧闹吵嚷的时候,中共中央领导人华国锋、叶剑英等已经决定先发制人。他们通知王洪文、张春桥、姚文元于10月6日晚到中南海怀仁堂开政治局常委会议。结果,王洪文、张春桥、姚文元被捕,接着被进行隔离审查。与此同时江青也在住所被带走,进行隔离审查。

倒行逆施、甚嚣尘上的四人帮,一夜之间被粉碎。1976年10月14日,当人们得知中共中央公布的粉碎四人帮的消息后,全国欢声雷动,庆祝四人帮的覆灭。

审判四人帮 图中为江青

社会经济的挫折与发展

"文化大革命"中,毛泽东在进行政治运动的同时,解决经济问题的思想主线是"抓革命,促生产"。在《1965年计划纲要(草案)》中,政府提出:"争取时间,积极建设三线战略后方,防备帝国主义发动侵略战争。""三线"的范围,一般的概念是由沿海、边疆地区向内地收缩,划分为三道线:一线指位于沿海和边疆的前线地区;三线指包括四川、贵州、云南、陕西、甘肃、宁夏、青海等西部省区及山西、河南、湖南、湖北、广东、广西等省区的后方地区,共13个省区;二线指介于一、三线之间的中间地带。三线建设总目标是:要争取多快好省的方法,在纵深地区建立起一个工农业结合的、为国防和农业服务的比较完整的战略后方基地。在1965年的基本建设总投资133.99亿元中,三线建设占了42亿元。

三线建设取得了重大成就,初步改变了中国内地基础工业薄弱,交通落后,资源开发水平低下,工业布局不合理等状况。当然,也存在粗放式经济建设与浪费等现象。

1967年7—9月,毛泽东在视察华北、中南、华东地区时指示:在工人阶级内部,没有根本的利害冲突,要实现大联合;要抓革命,促生产,促工作,促战备,把各方面的工作做得更好。到1969年,全国工农业改变了前两年的下降趋势。全国经济形势稍趋稳定后,毛泽东考虑把生产搞上去。

1971年"九·一三事件"以后,毛泽东让周恩来主持中央工作期间,周恩来为纠正一些错误行为而努力,他支持调整经济建设计划,扭转国民经济遭受严重破坏的局面,恢复文教科技部门的正常工作。

经过1972年和1973年两年的努力,国民经济形势有所好转。1973年国民经济计划主要指标都确保完成和超额完成,国民经济形势出现了复苏发展的好局面,工农业总产值达到3968亿元,比上年增长9.2%,粮食产量比上年增长10.2%,钢产量比上年增长7.9%。1973年是"文化大革命"以来中国经济形势最好的一年。

1975年,由于周恩来病重,毛泽东让邓小平出来主持中央日常工作。邓小平明确提出全面整顿的思想,并且采取有效措施抓经济建设,纠正"文化大革命"的错误。经济整顿的重点首先是整顿铁路。当时,全国大多数铁路部门都在进行政治运动,出现了极大混乱。徐州、南京、南昌等铁路局发生了运输堵塞现象,严重阻碍了津浦、京广、陇海、浙赣四条大干线,积压的货物堆积如山,旅客列车经常晚点。铁路的混乱直接危及工业生产和城市人民生活。邓小平决心抓住铁路这个影响大局的全国经济薄弱环节进行整顿。为此邓小平经毛泽东同意,于1975年2月25日至3月8日在北京召开了全国工业书记会议,专门研究解决整顿铁路问题。经过两个多月的整顿恢复,到4月份,过去严重堵塞的铁路全部疏通,全国20个铁路局有19个超额完成了国家的计划,全国铁路平均日装车数创造了历史最高水平,列车正点率大为提高。铁路的整顿带动了全国工业生产的好转。1—4月份,全国工业总产值比1974年同期增长19.4%。

1965年至1976年期间,社队工业的发展为农业机械化、农田水利事业提供了有力的支持。社队工业还吸纳了大量农村剩余劳动力,使农民增加了收入,初步改变了农村的经济结构。这一时期农村社队工业的兴起起到了繁荣农村经济的重要作用，也为20世纪80年代实行改革开放政策后乡镇企业的大发展打下了初步基础。人民生活水平从某些方面看也有所改善，基本上能够解决人民的衣、食、住、行等正常生活需求。

科学技术方面，这一时期取得了一批重要成就，特别是国防尖端技术得到了空前的突破。1966年10月27日第一枚核导弹发射试验成功；1967年6月17日第一颗氢弹爆炸成功；1970年4月24日第一颗人造地球卫星发射成功；1970年12月26日第一艘核潜艇研制成功；1973年8月26日，第一台每秒运算百万次的集成电路电子计算机研制成功；1975年11月28日，第一次回收发射的人造地球卫星成功，使中国成为继美国、苏联后第三个能回收卫星的国家；1975年10月20日，农业科学家袁隆平培育的籼型杂交水稻通过鉴定，在世界上首次育成杂交水稻，经过推广后一般提高产量20%，为中国和世界粮食增产作出了重大贡献。这些成果为以后改革开放时期的科学技术赶超世界先进水平，准备了物质基础和保障。

中国第一颗氢弹爆炸

从总体上说，"文化大革命"中推行的一系列政策违背了客观经济规律，极大地挫伤了广大人民建设社会主义的积极性，严重阻碍了生产的发展。"文化大革命"严重破坏了社会生产的正常进行，使国民经济损失惨重，仅1967年和

1968年两年时间里，工农业生产总值损失超过1000亿元。

在20世纪60年代，尤其是60年代中期以后，韩国、新加坡、中国的台湾和香港，先后推行出口导向型战略，重点发展劳动密集型的加工产业，在短时间内实现了经济的腾飞，被称为亚洲四小龙。20世纪初，德国学者马克思·韦伯的著作《新教伦理与资本主义精神》的问世，将资本主义的大发展与以美国为代表的西方世界特有的清教徒的创业精神联系在了一起，似乎只有西方才是经济飞速发展的土壤。但是亚洲四小龙的出现，使人们看到在受到中国儒家文化长期浸染的东亚地区，竟然也能缔造出生机勃勃的经济腾飞气象，于是出现了人们对所谓"东亚模式"的关注。与亚洲四小龙同步，日本的经济也迅速发展壮大。这个因为参与发动第二次世界大战而使自己一度面临经济崩溃的国家，因得益于美国的扶植在战后迅速恢复、发展，到了20世纪70年代初，国土面积狭小的岛国日本却成为了继美国和苏联之后的全球第三大经济强国。又有论者将日本和亚洲四小龙的发展结合起来，提出了一个形象的"雁阵模式"来描述亚洲经济的腾飞。

然而，在这一时期，无论是哪种模式，中国都是缺位的。中国只有改变现行的体制，实现体制创新，寻求另一种发展道路，才能够真正地摆脱窘境，后来居上。

时代新声：改革开放

在粉碎四人帮，终结长达十年的文化大革命之后，中国开始纠正思想，确立了实践是检验真理的唯一标准。十一届三中全会的召开，一方面实现了拨乱反正，逐步扭转错误的思维与错误的做法；另一方面拉开了对内改革与对外开放的大幕，中国经济开始欣欣向荣。农村土地所有制改革，使农民重燃了对土地的热情，作为农业大国的中国，农业再度焕发了生机；市场经济体制改革，使市场的资源配置作用发挥了活力，人们的生活水平得到了提升；教育科技体制改革，使中国的人才培养与科技创新重新受到重视，也为中国的进一步发展奠定了人才基础与科技基础。对外开放，则使中国按步骤、有次序地一步步融入国际社会，参与全球市场的运作，这是一个国家在全球化时代要想获得发展，做到与其他国家共赢的必然选择。中国在经历了封闭式的发展阶段之后，深刻地认识到开放对于国家发展的重大意义，所以以点带面、循序渐进却步伐坚定地开启尘封的国门，让世界认知中国，也让中国走向世界。

纠正思想：中国发展的新方向

人们的思想在文化大革命期间处于彷徨期，即便在粉碎四人帮之后，这种思想上的彷徨依然存在。也许是个人崇拜思想的流毒过于严重，以致在华国锋的领导下，中共中央提出了两个"凡是"的主张：凡是毛主席做出的决策，都坚决维护；凡是毛主席的指示，都始终不渝地遵循。

人们本来以为随着四人帮的垮台，在批判四人帮倒行逆施的同时，也许会重新反思社会发展之路，然而天似乎还没有变，四人帮的剪除不过是驱散了一些阴霾，究竟如何走上正常发展之路，还不明朗。

不消除这种彷徨，不给民众一个正常的环境，整个国家的发展又将从何谈起呢？在艰苦的摸索之路上，新中国犯了一个严重的错误这是事实，但是不敢反思错误却将会引起更大的错误。这时邓小平清楚地看到了这一点，并且首先旗帜鲜明地对"两个凡是"思想进行了批评。

邓小平出生于四川省广安县协兴乡。1919年五四运动开始时，邓小平积极参加了抵制日货活动。后来经过思考，邓小平觉得"工业救国"是报效祖国的好方法，于是抱着"工业救国"理想的邓小平考入留法勤工俭学预备学校。在法国，邓小平开始接受马克思主义，后来转入莫斯科学习并且在那里加入了中国共产党。1926年冬，由于国内革命斗争的需要，邓小平回到祖国，加入了革命斗争的洪流。

新中国成立后，邓小平同刘伯承、贺龙等人胜利完成了解放大西南的任务，粉碎了蒋介石意图等待时机、卷土重来的图谋。1952年7月，邓小平被调到中央工作，开始了他革命生涯中又一个重要的历史时期。1956年9月，邓小平当选为政治局常委、书记处总书记，成为以毛泽东为核心的第一代中央领导集体的重要成员。从1956年至1966年，邓小平主持中央书记处工作达10年之久。

1966年，文化大革命爆发后，毛泽东发表了《炮打司令部——我的一张大字报》，明确地提出党中央有一个资产阶级司令部，矛头直接指向刘少奇和邓小平。很快，刘少奇遭受了严重的不公正待遇，邓小平也作为所谓资产阶级司令部的第二号"走资派"被打倒。1973年初，周恩来总理病重，迫切需要一个有能力的帮手来帮助他治理眼下的危局，于是1973年的2月，邓小平国务院副总理的职务得以恢复，1975年又被任命为中共中央副主席、国务院第一副总理、中央军委副主席兼总参谋长。但很快又因触犯四人帮利益以及引起毛泽东的疑忌，邓小平于1976年4月被撤销一切职务。四人帮被粉碎后，1977年7月中共十届三中全会恢复了邓小平原来担任的党政军领导职务。

这次复出前后，邓小平明确地指出"两个凡是"思想是不符合马克思主义的："一个人讲的每句话都对，一个人绝对正确，没有这回事情。"此后，聂荣臻、徐向前、陈云等人也纷纷撰文批判两个"凡是"的思想，并掀起了关于真理标准问题的讨论。

1978年5月11日，《光明日报》以特约评论员的名义公开发表《实践是检验真理的唯一标准》这篇文章，新华社全文转发。次日，《人民日报》、《解放军报》全文转载。随后绝大多数省、市、自治区的报纸也陆续转载。自此开始，从思想层面上进行的拨乱反正已经轰轰烈烈开展起来。

1978年12月18日至22日，中共十一届三中全会在北京举行，这是中国共产党历史上具有重大意义和深远影响的会议，也是中华人民共和国历史发展的一个伟大转折点。这次全会的主要任务，是讨论中央政治局提出的从1979年1月起，把全党的工作重点转移到社会主义现代化建设上来的问题；审议、通过关于农业问题的两个文件，以及1979、1980两年经济计划的安排；讨论人事问题和选举中央纪律检查委员会。

中共十一届三中全会虽然只开了五天，但是它在思想路线、政治路线、组织路线等方面实行的根本性转变以及由此作出的一系列重大决策，犹如一声春雷，震撼了粉碎"四人帮"后在徘徊中前进的人们，催生了中国改革开放和社会主义现代化建设的汹涌大潮。这次会议结束了粉碎"四人帮"之后党和国家工作在徘徊中前进的局面，实现了中华人民共和国成立以来的伟大历史转折。这个伟大转折，是全局性的、根本性的，从而为党和国家的历史发展开辟了一个崭新的时期。十一届三中全会作为开辟新时期的标志，主要表现在以下几个方面：

第一，恢复和重新确立了"解放思想，实事求是"的思想路线，实现了思想路线的拨乱反正。第二，确定党和国家工作的重点向现代化建设转移，实现了政治路线的拨乱反正。第三，实现了组织路线的拨乱反正，为实现三中全会的路线提供了组织保证。鉴于多年来党内政治生活不正常的历史教训，全会强调要健全党的民主集中制和集体领导原则，健全党规党法，严肃党的纪律，少宣传个人，并决定进行中央领导机构和人事上的重大调整，这是保障党的政治路线得以正确贯彻执行的重要措施。第四，开始系统地清理重大历史是非的拨乱反正，解决了一批重大历史问题，强调必须加强社会主义民主与法制建设。十一届三中全会从巩固安定团结、实行工作重点转移和加快经济建设的需要出发，决定下大力气平反冤假错案，妥善地解决历史遗留问题。第五，明确作出实行改革和开放的新决策。全会公报鲜明地提出：实现四个现代化，要求大幅度地提高生产力，也就必然要求多方面地改变同生产力发展不适应的生产关系和上层建筑，改变一切不适应的管理方式、活动方式和思想方式。

1980年，刘少奇在含冤死去11年后得到了平反，全国下半旗致哀；最高人民法院开始审判林彪集团和江青集团；华国锋辞职，"两个凡是"的时代终结；废除干部终身制，让年轻有为的人看到了自己展示能力的希望。十一届三中全会打开了一道大门，门外阳光照耀，整个国家被一种欣欣向荣的氛围笼罩着。

农村土地所有制改革

十一届三中全会驱散了弥漫了长达十几年的阴霾。但破过之后还要立，大跃进、文化大革命这些惨痛的现实已经向人们证明，搞不切实际的运动，搞政治斗争，实行苏联式的计划经济都没有使中国走上复兴之路。相反，在第二次世界大战后中国原本和一些国家站在同一起跑线上，但是到了20世纪70年代末，却被一些国家甩在了后头。什么是社会主义？应该怎样建设社会主义？严峻的现实和美好的理想需要所有中国人对这个重要命题做出回答，中国的航船该如何穿越过历史的峡谷，人们期待着领航者给出一个答案。

1980年邓小平在会见几内亚总统杜尔时，曾说了这样一段话："根据我们自己的经验，讲社会主义，首先就要使生产力发展，这是主要的。只有这样，才能表明社会主义的优越性。社会主义经济政策对不对，归根到底要看生产力是否发展，人民收入是否增加。这是压倒一切的标准。"

而此时的中国，发展生产力、增加人民收入的举措已经由点到面地在中国展开了。就在关于真理标准问题的讨论方兴未艾的时候，改革的局面就已经出现了。在邓小平的主持下，各地政府放宽了对农民的限制，改革首先就由农村发起。

几千年来，土地不仅是中国农民的衣食父母，也是中国这个传统农业大国的生命根基。新中国建立后，迅速成立起了农村公社，原本希望可以凭借着这种体制的变革与创新，消灭人们心底的那些对于个人利益的考量，在此基础上实现共产主义，实现中国人自古以来就一直梦想的"人不独亲其亲，不独子其子，使老有所终，壮有所用，幼有所长，鳏寡孤独废疾者皆有所养"的大同世界。

尽管中国在1978年之前已经实行了20多年的人民公社制度，把全国的农民牢牢栓在了土地之上，但微薄的"工分"收入，不充足的粮食配给，使得一年四季在土地上辛辛苦苦劳作的农民却常常食不果腹，土地带给他们的亲切感正在一步步消失。

走在改革最前沿的是安徽和四川两省。安徽省1961年曾普遍实行过"责任田"，老百姓尝到过甜头，但后来受到严厉的批判。此后十几年安徽农民始终没有摆脱过"贫穷"二字。1977年11月，中共安徽省委制定了六条政策，其中特别强调要尊重生产队的自主权，允许农民搞家庭副业，其收获除完成国家任务外，可以到集市上出售。还规定生产队可以实行定任务、定质量、定工分的责任制。几乎同时，中共四川省委也制定了一个"十二条"政策，基本精神与安徽"六条"政策相同，其中特别肯定了四川省一些农村实行的"定额到组，评工到人"的办法，这是"文化大革命"结束以后制定的最初的两个关于农业生产责任制的文件。

在安徽凤阳，有一首民谣已经传唱了很久："说凤阳，道凤阳，凤阳本是好地方，自从出了朱皇帝，十年倒有九年荒。"这民谣里的朱皇帝指的是明朝的开国皇帝朱元璋。凤阳不可能自明朝初年就一直经历着饥荒，但是就安徽凤阳的小岗村来说，在文革的十年之中，它真实体验着民谣中的凄怆。这个村在文革中是典型的三靠村，即吃粮靠返销，用钱靠救济、生产靠贷款。在1978年的开春，安徽省又出现了旱情，对于小岗村来说这无异于雪上加

今天的凤阳小岗村

霜,似乎到了山穷水尽的地步。1978年12月的一天,在十一届三中全会召开的前夕,小岗村的18户村民冒着坐牢的危险,在一份承包责任制的文书上按了鲜红的手印,把集体耕地包产到户,结果当年大见成效,粮食产量从3万斤增加到12万斤。小岗村的变化,在安徽省产生了极大的示范效应,群众创造的这些办法得到省委的支持,并在多个县进行推广试点,不到三个月,全省实行联产责任制的生产队发展到占总数的15.2%。

在素有"天府之国"之称的四川省,省委在农业方面也实行了"放宽政策",将农民的自留地扩大到占总耕地面积的15%左右,并且支持农民采取包产到组的形式经营土地。这就是农村改革的发轫。此后,贵州、河南、山东等地许多社队分别实行了包产到组、包产到户、专业承包等责任制。农村改革从此开始。

个体正当利益的驱动让那些包产到户的农民重新燃起了对土地的热情，同时也激发了那被压抑了二十几个春秋的创造力潜能。事实证明了包产到户的优越性，不仅小岗村的农业生产有了大的突破，其他省市包产到户的生产队也捷报频传，纷纷宣布自己的生产队有了大幅度的真实增产。靠着土地吃饭的农民，如今终于有了很大的积极性在土地上进行投入，而皇天不负苦心人，在农民们辛勤劳作之后土地上结出的累累硕果也让农民填饱了肚子，尝到了甜头，农民对土地的热情和热爱都回来了。最初农民的自发之举，也让中央领导层真正看到了实践是检验真理的唯一标准。

当包产到户、家庭联产承包责任制的好处日益显现的时候，农民们还有着两大顾虑：一是富裕是否是合法的；二是富裕是否是暂时的。对于前者，也许身处 21 世纪的中国人感觉这根本不算是个问题，但是在 1978 年这却是个大问题。中共中央开始并不主张包产到户。十一届三中全会关于加快农业发展的文件，仍然规定"不许包产到户"、"不许分田单干"。1979 年 1 月 11 日，中共中央作出了关于地主、富农分子摘帽问题和地主、富农子女成分问题的决定，决定"地、富、反、坏分子"除少数坚持反动立场的以外，一律摘掉帽子。这是党的十一届三中全会以来中央的一项重要决策，也让农民的心踏实了些。从 1980 年的春夏之交开始，中央领导人先后到云南、青海、宁夏、陕西、内蒙古等地的农村进行实地调查，实际踏访包产到户的可行性。

1980 年 9 月，中共中央召开各省、市、自治区第一书记座谈会，着重讨论加强和完善农业生产责任制问题。9 月 27 日中央印发了座谈会的纪要《关于进一步加强和完善农业生产责任制的几个问题》，纪要在强调集体经济是中国农业现代化前进的"不可动摇的基础"的前提下，肯定了各地建立的各种形式的农业生产责任制，并对包产到户提出了"因地制宜、分类指导"的方针：在边远山区和贫困落后地区，长期"三靠"的生产队，群众要求包产到户和包干到户，应当支持群众的要求，并在一个较长时间内保持稳定；在一般地区，集体经济比较稳定，生产有所发展，就不要包产到户；已经实行包产到户的，群众不要求改变，应该允许继续实行。从"不许包产到户"到"少数地区可以包产到户"，在政策上和观念上都是一个重要突破。

1983 年 1 月，中央第二个"一号文件"肯定了发达地区实行联产责任制的做法，指出联产承包制"具有广泛的适应性"，要求林业、牧业、渔业，开发荒山、荒水以及多种经营方面，都要建立联产承包责任制。

1979 年以后，政府对农副产品流通体制也作了局部改革，其趋势是放松控制，搞活市场。在坚持以统购统销为主体的前提下，恢复了议购议销的形式，逐步减少了农副产品统购派购的品种范围，扩大议价和市场交换，对于仍然统购的品种也改变了全额收购的政策，农民在完成征购任务之后可以自由上市。同时，允许集体、自发合作组织、农民私人进入流通市场。

农村改革在 1983 至 1984 年进一步深化。中共中央乐观地估计，中国农村开始出现"两个转化"的趋势，即："农业从自给半自给经济向着较大规模的商品生产转化，从传统农业向着现代农业转化。"

1983 年，中央领导层关于允许一部分人先富起来的态度彻底消除了农民们富裕是否合法的顾虑。1984 年的 1 月 1 日，《中共中央关于一九八四年农村工作的通知》发出，其中提出延长土地承包期，一般应在 15 年以上，又让农民们富裕是否是暂时的顾虑彻底烟消云散了。

与农村改革伴随产生的重要成果是乡镇企业的异军突起。乡镇企业发展速度很快，1979 至 1983 年年均增加产值 145 亿元，1984 年上半年就增加了产值 489 亿元，增长率为 41%。1984 年全国乡镇企业已达 606 万个，职工人数达5208万人。乡镇企业在一些农村已经成为农村经济的重要支柱。

随着农村改革的一步步推进，土地制度实现变革，乡镇企业如雨后春笋般冒了出来，票证制度逐渐取消，农产品、消费品逐步实现了敞开供应。农村的发展欣欣向荣、前景乐观。

市场经济体制改革

农村改革风潮带来的良好业绩很快推动了城市改革的进行。1776年，亚当·斯密的《国富论》中指出人类有利己的天性，每个人行为的动机主要是利己，求得自己的利益。但是追求自利不仅不是不道德之事，利己心还是人类一切经济活动的推动力，因为个人的理性自利可以使社会资源分配达到最佳状态，有助于整个社会福利。虽然亚当·斯密所主张的自由放任的经济政策存在着某些弊端，但是他所指出的个人自利的合理合法以及理性自利的良好作用却是颇为深刻的论断。中国的经济以往踯躅不前，恰恰就在于对于个人合理合法自利和企业合理合法自利的忽视。因此，城市改革的进行主要就是经济体制的改革。

在建国初期，甚至是在大跃进初期，人们出于建设新中国的激情，投入到企业的生产之中，但是计划经济体制的弊端随着时间的推移一步步暴露出来。在计划经济体制下，企业实际上已经成为了各级政府的附属物，没有市场观念，也没有自主性，没有自由独立地参与市场买卖的空间，这种制度无疑对人们的积极性、能动性产生着强烈的制约，也对企业的发展产生着强烈的制约。

没有生机的企业在吃着国家的大锅饭，没有工作热情的工人在吃着企业的大锅饭，虽然很多企业和工人借着政府的支持可以衣食无忧，但无论是企业还是工人或许都对自己的存在价值产生过质疑。这种苏联模式的经济到底还能走多远呢？

事实上，在苏联这个曾经被中国奉为样板的国家里，在经过了几十年的计划经济后，也越发感到扩大企业自主性的必要，因此在1979年，苏联的企业改革也在悄然进行。苏联这一时期的改革重在扩大企业的权限，减少行政干预，让企业实现完全经济核算，加强利用市场因素，并把职工的个人物质利益与企业的经营成果联系起来，因而取得了一定的成效。

十一届三中全会以后，在经济领域发生的更为深刻，影响更深远的变化，是逐步走上了经济体制改革的道路。从最初的城市改革来看，主要表现在两个方面：一是放开就业政策，二是发展多种经济形式。十一届三中全会以前，由于指导思想的影响，片面强调"一大二公"，人为地搞所有制的升级、过渡、轻视、歧视城镇集体经济，强行消灭个体经济，使得经济形式和经营方式越来越单一，就业渠道也日益狭窄。到1978年，城镇个体劳动者从1952年的883万人下降为15万人，其中14万人从事个体商业，个体工业几乎绝迹。这不仅给经济发展和人民生活造成严重影响，而且大大增加了中国的就业压力。

1979年前后，全国有1000多万在"文化大革命"期间上山下乡的知识青年陆续回城，城镇又有大批新生的劳动力要求安排就业，从而将就业这个社会问题更尖锐地摆在各级政府面前。为开辟新的就业门路，中央决定大力发展城镇集体经济，并允许和鼓励城镇个体经济的发展。

1980年8月，中共中央转发全国劳动就业工作会议关于《进一步做好城镇劳动就业工作》的文件，首次提出在解决城镇劳动就业问题上，要打破由国家全包的局面，实行在国家统筹规划和指导下，劳动部门介绍就业、自愿组织起来就业和自谋职业相结合的方针。文件从政策上大力扶持兴办各种类型的自筹资金、自负盈亏的合作社和合作小组，发展以知识青年为主的集体所有制场（厂）队和农工商联合企业，鼓励和扶持城镇个体经济的发展。文件从解决城镇就业，方便人民生活，补充国营经济不足等方面强调要大力发展城镇集体和个体经济。

1981年6月，国务院有关部门发出通知，提出个体工商户是自食其力的独立劳动者，各级有关部门在政治上和经济上对个体工商户要同全民所有制和集体所有制单位一视同仁，同等对待，在资金、原料、税收等方面给予支持，并提出有些地方存在歧视个体工商户的态度，必须改变。为了积极扶持个体经济的发展，同年7月，国务院发布《关于城镇非农业个体经济若干政策性规定》，明确肯定了多种经济成分和多种经营方式同时存在的必然性、长期性。

政府还不断扩大企业自主权，推行经济责任制。国营经济的改革试点是循着放权让利、搞活企业和适当引进市场机制的思路进行的。1978年10

20世纪80年代的北京

月，四川省委在六家企业实行扩权试点，1979年7月，国务院连续颁布了五个扩大企业自主权的文件。1980年6月，全国扩权试点企业达到6600家。这些企业占全国国营工业企业总数的16%左右，但产值和利润分别占60%和70%左右。扩权企业在国家与企业的利润分配关系上，先后试行了提取企业基金、利润留成、盈亏包干、以税代利等方法，以打破企业吃国家"大锅饭"的体制。同时给企业以一定的生产计划、产品购销、资金运用的权力，并在试点企业建立企业对国家、职工对企业的各种形式的责任制，少数企业还试行厂长（经理）负责制。在扩大企业自主权的同时，无所不包的计划体制开始松动，生产资料作为商品逐渐进入市场，计划外自销产品和根据市场需要自行生产的比例日益扩大。

但是，经济改革并非都是一帆风顺的，尤其是在初期，是有许多波折的。因为在被僵化的思想影响了二十几年后，有些人已经形成了思维定式，对市场经济，特别是对私营经济还是充满了顾虑。1982年，发生在温州的"八大王"事件充分展现出了当时社会的思想冲突。

温州，如今已经是个家喻户晓的名字，这个名字甚至也

今天的温州

让外国人竖起拇指啧啧称叹，这种殊荣来源于温州人的创业精神。温州人的创业精神在全中国来说首屈一指，对于身处那片热土之外的人来说，似乎温州一词就象征着创业，象征着财富，而"八大王"事件正是发生在最具创业精神的温州。

"八大王"是指20世纪80年代初温州柳市镇的八位小商品经营者，这八人分别被称为"电器大王"、"螺丝大王"、"矿灯大王"、"目录大王"、"线圈大王"、"合同大王"、"旧货大王"、"机电大王"。这八个人借着改革的东风，迅速发展起自己的私营企业，短短的一两年时间里他们就凭着敏锐的市场意识和敢打敢拼、吃苦耐劳的创业精神，获得了巨大的物质回报，个人资产迅速达到几万甚至几十万。

1982年初，在刚刚改革的背景下，为了稳定住市场，使其平稳发展，中央政府下发了紧急通知，要求在全国范围内严厉打击严重的经济犯罪活动。当时，在刑法之中有一条"投机倒把罪"，是指以获取非法利润为目的，违反金融、外汇、金银、物资、工商管理等法规，非法从事工商业活动、扰乱国家金融和市场管理、破坏社会主义经济秩序，情节严重的行为。但是，这条罪名因为其涵盖的范围太广和对许多法律名词的界定不清晰，因此被学术界称之为"口袋罪"，也就是可以将这个罪名加给很多人、很多行为。

当"八大王"收获丰厚的物质回报时，一些思想保守的人们开始质疑这是资本主义，又采取了传统的扣帽子式的做法。1982年的8月，一顶沉重的"投机倒把罪"的帽子被扣在了"八大王"的头上，"八大王"作为重大经济犯罪分子受到严厉打击，或被关押或潜逃在外，他们辛辛苦苦赚得的财产也被没收。其实，"八大王"事件只是当时的冰山一角。到1982年底，全国立案各种经济犯罪16.4万件，判刑3万多人，一时间迈出创业步伐的人们都开始战战兢兢地退回来。此后二年多的时间里，温州这个培养创业者的温床也渐渐降了温。私营经济在刚刚起步的时候，就遭遇了传统思维缔造的一股寒流，改革还能真正地走下去吗？人们满腹狐疑。

但是很快，人们心里的这种疑虑就烟消云散了。1983年的8月，中央明确指出从事个体劳动是光彩的。"八大王"的命运也迎来了改变，1984年，"八大王"被宣布无罪、恢复名誉，并返还了他们被没收的个人财产。波折很快消除了，改革的步伐开始坚定且从容。

1984年10月20日，中国共产党十二届三中全会在北京举行。加快以城市为重点的整个经济体制改革的步伐，被认为是当时中国形势发展的迫切需要。改革的基本任务是建立起具有中国特色的、充满生机和活力的社会主义经济体制，促进社会生产力的发展。

1986年12月5日，国务院作出《关于深化企业改革增强企业活力的若干规定》。《规定》提出全民所有制小型企业可积极试行租赁、承包经营。全民所有制大中型企业要实行多种形式的经营责任制。各地可以选择少数有条件的全民所有制大中型企业进行股份制试点。市场经济体制改革一步步前行并完善。

教育科技体制改革

恢复高等学校招生考试制度，是1977年邓小平重新走上党和国家领导岗位之后作出的一个在全社会引起强烈反响的重大决策。这个重大决策，是扭转十年"文化大革命"造成的教育领域混乱局面，恢复和建立新的教育秩序的开端。这个重大决策，改变了一代知识青年的命运，为社会主义改革开放和现代化建设培养了一大批各行各业的高素质人才。

在中国，自隋唐时代确立了科举考试制度开始，中国的人才选拔制度一直相对完善，在中国的王朝时代，科举制度受到诟病是在具体的考试科目以及作答方式上存在着弊端，或者说到了明清时期考试的内容较为死板和束缚人性，但是这种选拔人才的制度本身很少遭到批评。人才选拔是一个国家发展的重要命脉，各行各业的发展需要各行各业的人才。但在"文化大革命"开始后不久，首先被废止的就是高等学校招生考试制度。

1966年至1969年，中国内地所有大专院校均停止招生，教师与学生被下放劳动，高等教育陷于全面瘫痪。1970年，为落实毛泽东"大学还是要办的"及"要从有实践经验的工人农民中间选拔学生，到学校学几年以后，又回到生产实践中去"的指示，北京大学、清华大学等部分高校开始招收工农兵学员。1971年，全国教育工作会议作出规定：高等学校恢复招收新生，招收初中毕业经过两年以上劳动锻炼的工农兵学员。从1970年到1976年，按照"自愿报考,群众推荐,领导批准,学校复查"的原则,全国招收工农兵学员共七届94万人。由于废除了招生考试,工农兵学员的文化程度差别很大。

"文化大革命"结束后,教育改革怎么搞,大学怎么办,成为全社会关注的焦点之一。而此时,人才匮乏已成为中国实现四个现代化奋斗目标的最大制约。1977年7月,邓小平复出,一开始,他便自告奋勇主管教育科技工作,8月4日,在他提议下召开了一个科学与教育工作座谈会。恢复高等学校招生考试制度,是邓小平酝酿多年的一个拨乱反正的重大举措。他最初的想法是,1977年用一年的时间做准备,1978年正式恢复高考,生源一半是应届高中毕业生,一半来自社会,然后逐步走向正轨。出人意料的是,就在邓小平复出工作主持召开的第一次会议上,这个方案被提前实施了。

在1977年的12月中旬,在邓小平的积极关注下,高考恢复了,一批急切希望以知识来充实自己的青年或是放下了锄头,或是走出了工厂,迈进了大学的象牙塔。

在高考恢复之后,教育体制改革也不断取得很大进展。从中央到地方都重视教育事业的发展,教育经费逐年增加,教育事业费占财政支出的比重,由1978年5.9%提高到1986年9.5%。1986年颁布《中华人民共和国义务教育法》后,开始有步骤地在全国普及九年制义务教育。同时,调整中等教育结构,大力发展职业技术教育,1987年中等职业技术学校学生已超过高中阶段学生总数的40%,初步形成了行业配套、结构合理的职业技术教育体系。经过教育体制改革后的高等学校,1988年在校生总规模已达206万人。各种形式的成人教育经过调整充实后有了很大发展,为各条战线培育了大量人才。教育体制改革不仅为中国的教育事业注入了新的活力,推动了教育事业的蓬勃发展，而且为中国社会科技事业的进一步发展奠定了坚实基础。

科技体制改革，也是当代中国改革系统工程中的重要组成部分。中国原有科技体制存在着严重的弊端，科技工作与经济建设相脱节，阻碍了科技成果向生产转化，也影响了科技人员智慧才能的发挥。因此，对科技体制进行改革，是经济体制改革和经济发展形势的客观要求。1982年，中共中央、国务院提出了"经济建设必须依靠科学技术，科学技术工作必须面向经济建设"的指导方针。1983年，国务院成立了科技工作领导小组，开始领导科技体制改革的试点。

1985年3月上旬，中共中央和国务院在北京召开全国科学技术工作会议。会议全面讨论了科技体制改革的指导思想和实施步骤等重大问题。邓小平在会上指出："经济体制，科技体制，这两方面的改革都是为了解放生产力。新的经济体制，应该是有利于技术进步的体制，新的科技体制，应该是有利于经济发展的体制。"会后，中共中央作出《关于科学技术体制改革的决定》，指出："科学技术体制改革的根本目的，是使科学技术成果迅速地、广泛地应用于生产，使科学技术人员的作用得到充分发挥，大大解放科学技术生产力，促进经济和社会的发展。"

1988年3月，国务院再次召开全国科技工作会议，进一步提出深化科技体制改革，扩大科研机构自主权，促使科研机构自主地面向经济开发实体，更好地发挥自己的作用。在此期间，国家在科研机构推行各种形式的承包责任制，改革科研事业拨款制度，建立和开发技术市场，积极开展技术转让活动等，使科技体制改革获得重大进展。

科技体制改革促进了科技事业的发展，加速了科学技术向社会生产力的转化。1986年11月，中共中央和国务院正式批准实施国家《高科技研究发展计划纲要》，即"863计划"。这一计划是由国务院科技领导小组根据当年3月中科院四位老科学家提出的建议，组织全国200多位知名专家学者在对中国高技术发展战略进行全面论证基础上拟定的。该计划提出了在生物技术、航天技术、信息技术、激光技术、自动化技术、能源技术和新材料技术等七个对中国今后发展有重大影响的高技术领域的奋斗目标，对中国科学技术特别是高新技术的跨世纪发展起到了关键性作用。

整个20世纪80年代，中国10年间共取得重大科技成果11万多项，其中获国家奖励的近万项，一些领域已经达到或者接近世界先进水平。特别是正负电子对撞机、重离子加速器、同步辐射实验室等大型科研项目的相继投入使用，"银河"巨型计算机的研制成功，水下导弹、"长征二号"大推力捆绑式火箭研制成功，"亚洲一号"通讯卫星的发射成功等，表明中国在众多的高新技术领域有了新的突破。

对外开放与以点带面

20世纪80年代来临的时候，虽然美国、英国等国的经济都存在着一些问题，但是世界的经济中心仍然主要位于美国、欧共体和日本。大型的跨国公司也主要集中在以上三个地区，单个跨国公司的资本甚至超过了某些不发达国家的财政收入。

面对这种状况，如果中国依旧不让自己的经济与国际社会共通，那么也许很快中国这个亚洲大国也不得不面临着被边缘化的命运。邓小平等人清晰地感受到了这种紧迫感。要想真正赶上美国的发展水平，中国只有融入到世界之中。

粉碎"四人帮"以后，中国就开始大规模引进外国技术设备的工作。1978年9月，国务院召开全国计划会议，会上提出经济战线必须实行三个转变。其中之一是从那种不与资本主义国家进行经济技术交流的闭关自守或半闭关自守状况，转到积极地引进国外先进技术，利用国外资金，大胆地进入到国际市场。

十一届三中全会以后，对外开放被确定为一项基本国策。为了尽快打开国门，形成对外开放局面，1979年1月，邓小平邀集工商联代表共商对外开放大计。邓小平提出，现在搞建设，门路要多一点，可以利用外国的资金和技术，华侨、华裔也可以回来办工厂；吸收外资可以采取补偿贸易的方法，也可以搞合营，先选择资金周转快的行业做起。邓小平还强调，要发挥原工商业者的作用，有真才实学的人应该使用起来，还要推荐有技术专长、有管理经验的人管理企业，特别是新兴行业的企业。

1979年7月，由五届全国人大二次会议制定的《中华人民共和国中外合资经营企业法》颁布实施。随后，国务院还颁布了其他有关法规，规定对外商来华投资、转让技术，在劳务费用、场地使用、税收、利润、生产经营的外部条件和自主权等方面给予一定的优惠待遇。引进外资，鼓励外国公司企业或个人到国内来投资设厂，或办合资企业，这无论在政策上还是观念上都是一大突破。

截至1982年底，全国已批准中外合资经营企业48家。在实现企业的技术改造、促进产品升级换代、吸收国外企业先进的经营管理经验、提高产品质量、扩大出口创汇等方面都起到了积极作用。1982年，中国已经同174个国家和地区建立了经济贸易往来，扩大了对外经济交往的范围。

为了加大开放力度，政府进行了以点带面的对外开放试点。1979年7月中旬，中共中央、国务院批转广东省委、福建省委关于对外经济活动实行特殊政策和灵活措施的报告，决定在深圳、珠海、汕头和厦门试办特区，因为这几个地区邻近港澳，侨胞众多，资源丰富，有便于吸引外资等有利条件。8月13日，国务院颁发《关于大力发展对外贸易增加外汇收入若干问题的规定》，主要内容是扩大地方和企业的外贸权限，鼓励增加出口，办好出口特区。1980年5月中共中央、国务院正式将"出口特区"定名为"经济特区"。中国再度采取试点的方式，以逐步推进的战略开始了意义深远的开放步伐。曾经，人们喜欢称这些经济特区为改革开放的窗口，正是借着这些窗口，中国人窥见了外面世界的精彩，同时也将自己的精彩展现给整个世界。

珠海　　　　　　　　　　　　　　　　　深圳

以变化代替僵化缔造了一个缤纷多彩的天空。1979年，在中国对外开放刚刚破题的一年，有一个引人注目的变化就是，被认为代表"西方资本主义生活方式"的可口可乐进入了中国，在北京建厂。中国人很快意识到，几乎没有一个大品牌的产品是某一个公司在某一个国家内闭门造车生成的，它们都融合了全球元素，这种全球元素既包括原材料的全球采集，也包括制作流程中的全球分工。中国人在打开国门，喝着可口可乐的时候，不只是尝到了一种新鲜的饮料，还获得了一个新鲜的视野。

对外开放，引进国外企业来华建厂是远远不够的，还需要国际资本投入到中国这片亟待开发的国土上来。为了充分利用外部资金，1980年，中国重新加入了世界银行，并且恢复了在国际货币基金组织的的代表权。这两个世界性的金融机构虽然被一些国家斥责为是欧美利益的代言人，但它们在支持发展中国家的发展方面的确提供了巨大的财力支持。中国重新恢复在这两个组织的席位后，就曾从这两个组织中获得了大量的贷款。这些贷款的到来，很好的推动了中国的改革开放事业。

在四个经济特区确立之后，对外开放的范围逐步扩大到了沿海、沿江等地区，初步形成了由沿海地区向内陆地区推进的格局。在经济特区确立的四年之后,也就是1984年的5月,中国开放了大连、秦皇岛、天津、烟台、青岛、连云港、南通、上海、宁波、温州、福州、广州、湛江、北海14个沿海港口城市。半年多以后,也就是从1985年的2月开始,中国陆续开放长江三角洲、珠江三角洲等地区和辽东半岛、胶东半岛。此时,"开放"成了中国在世界上的一个标示性符号。

1987年10月,中共十三大的政治报告中又进一步指出了开放的重要性。当今世界是开放的世界,中国已经在实行对外开放这个基本国策中取得了重大成就。今后,中国必须以更加勇敢的姿态进入世界经济舞台,正确选择进出口战略和利用外资战略,进一步扩展同世界各国包括发达国家和发展中国家的经济技术合作与贸易交流,为加快科技进步和提高经济效益创造更好的条件。

随着开放步伐的推进,1988年4月,党中央和国务院做出重大决定,设立海南省,同时兴建我国最大的经济特区——海南经济特区,并给予了较大的政策倾斜。到了1990年4月,中央又决定开发和开放上海浦东,实行经济技术开发区和某些经济特区政策。1991年,开放满洲里、丹东、绥芬河、珲春四个北部口岸。同年,国务院还相继批准上海外高桥、深圳福田、沙头角、天津港等沿海重要港口设立保税区,借鉴国际通行规则,发展保

海南风光　　　　　　　　　　　　　　　　　　　　　海口市

税仓储、保税加工和转口贸易。

中国的对外开放与对内的市场经济改革结合起来，一方面让外国的各种货物进入中国，弥补中国某些产品的不足，另一方面也通过积极吸引外资帮助发展本地经济，并通过发挥中国的劳动力优势，发展劳动密集型产业，积极参与国际市场的分工合作。曾经，亚洲四小龙就是主要凭借着发展劳动密集型产业和转口贸易而异军突起的，如今中国也希望通过借鉴亚洲四小龙的经验实现民族振兴。诚然，劳动密集型产业处在庞大的市场产业链的最低端，在整个市场产业链中获得的利润相对较少，然而在科技尚不发达，尚没有充分享受到第三次科技革命带来的知识爆炸的成果时，吸引外资和劳动密集型产业无疑是实现快速振兴的一种最优选择。

在中国人忙着向世界展示中国，希望融入世界的时候，世界上的许多国家也都渴望进入中国的市场，渴望在中国投资或者与在中国互通有无中获得巨大的物质收益。

1987年12月27日《纽约时报》的一篇文章起了这样一个标题《外国的货物涌入中国，但不是来自美国》，文章的撰写者对美国融入中国市场的滞后大加苛责："在我最近去中国旅行的时候，我印象最深刻的是在中国有着大量的美国游客，但是却没有大量的美国货物。中国的市场上已经有大量的日本货存在，包括它所有的电子产品、小汽车和其他种类的物品，在美国市场上能够见到的物品几乎在这里都能见到。欧洲人也没有缺席，我甚至很惊奇地发现这里有大量的沃尔沃、奔驰和宝马。"

从这篇文章中，我们可以看到美国人希望美国货进入中国市场的急切心情，也可以看到改革开放在推行了七八年后所收到的效果。日本的电子产品、欧洲的轿车都出现在了中国的市场上，这一细节足以反映出中国民众购买力的增强，从而折射出中国的改革开放政策在执行了短短的七八年后收到的惊人成效。

其实，在 20 世纪的 80 年代，处处洋溢着市场经济的热情，对外开放更是给这种热情添加了一把火。深圳的成长史就是对外开放成效的一个真实写照。

1978 年的广东省宝山县，还只是一个名不见经传的小县城。这个小县城在 1978 年时还显得荒芜、落后，人民生活贫困。就是因为贫困，宝山县的居民有很多背井离乡，或是到广州等较为发达的地区去，或是冒着生命危险偷渡到香港。这个典型的小县城，随着 1978 年的一波居民出逃风潮而迎来了发展的低谷。但是，改革开放的推行，深圳经济特区的设立，很快让这个小县城发生了天翻地覆的变化。1979 年初，宝山县改为了深圳市。1979 年 8 月，深圳成为第一批出口特区之一，1980 年 5 月又正式成为经济特区之一。

深圳在确立为经济特区伊始就确立了自己的发展方针，主要发展"三来一补"工业，这一方针成了深圳特区成立前十年中的指导思想。所谓"三来一补"就是指来料加工、来样加工、来件装配和补偿贸易。前三者通过字面我们就可以了解其内容了，而补偿贸易是指中方企业由国外厂商提供生产技术和设备或利用国外进出口信贷进口生产技术和设备，然后由中方企业进行生产，以返销其产品的方式分期偿还对方技术、设备价款或信贷本息的贸易方式。在设立为经济特区之前，深圳的农业、渔业生产是支柱，工业生产也都是围绕着农业生产进行的，主要是为农业服务或者进行农产品加工。"三来一补"工业则明显是对外开放的产物，是利用劳动力资源参与国际市场分工合作的一种产业模式。

由于大量"三来一补"的企业落户深圳市，深圳对劳动力资源的需求急剧增长。20 世纪 80 年代初深圳每年约需要劳动力 10 万人，而特区本地每年新增的劳动力人口才不过 5000 人左右，巨大的市场需求量和高收入吸引了许许多多的青年人前年深圳，于是出现了"打工"一族。这部分人打破了中华民族几千年安土重迁的传统观念，开始了跨地域的流动，同时也开启了中国社会结构变迁的新纪元。1979 年时深圳的常住人口大约是 30 多万，到了 1989 年则达到了 190 多万，深圳由一个以往的移民输出地成了典型的移民输入地，那些作为打工一族的移民们在这里充分享受到了开放带来的好处。

对外开放加速了中国社会主义现代化建设事业，在经济、管理等方面缩短了与发达国家的距离，并取得了举世瞩目的成就。据 1988 年即对外开放 10 年时的统计，中国共签订利用外资协议 16377 项，协议金额达 785.1 亿美元，实际利用外资达 366.63 亿美元；已批准的外商投资企业 1.6 万多个，外商协议投资 280 多亿美元；引进的技术合同达 3530 项，总金额达 205.5 亿美元，其中用于改造中国现有企业的技术项目达 2 万多个。对外开放促进了中国对外贸易的迅速发展，1988 年中国进出口总额达 1028 亿美元。中国在国际进出口贸易中的地位迅速上升，由 1978 年的第 32 位，上升至 1988 年的第 16 位。

进入 20 世纪 90 年代，经济开放由东部沿海省市沿着长江流域迅速向腹地延伸，1992 年 6 月，中共中央、国务院在北京召开长江三角洲及长江沿江地区经济规划座谈会，会议强调了开发开放整个长江沿江地区在振兴中国经济中的重大战略意义，并就此作出了初步规划。会后，国务院决定开放长江沿岸的芜湖、九江、岳阳、武汉、重庆五个城市。与此同时，中共中央、国务院又决定将开放城市发展到全国各省市，批准合肥、南昌、长沙、成都、郑州、太原、西安、兰州、银川、西宁、乌鲁木齐、贵阳、昆明、南宁、哈尔滨、长春、呼和浩特等 17 个省会城市为内陆开放城市。

同时，还逐步实行内陆边境的沿边城市的开放，从东北、西北到西南地区，有黑龙江省的黑河、绥芬河，吉林省的珲春，内蒙古自治区的满洲里、二连浩特，新疆维吾尔自治区的伊宁、博乐、塔城，广西壮族自治区的凭祥、东兴，云南省的瑞丽、畹町、河口，西藏自治区的普兰和樟木等。中国沿江及内陆城市和沿边城市的开放，是中国对外开放迈出的重要步伐。

经过十多年的实践，中国对外开放由南向北、由东向西层层推进，已经在全国范围内基本形成了"经济特区—沿海开放城市—沿海经济开发区—沿江和内陆开放城市—沿边开放城市"的全方位多层次、以点带面，共同发展的对外开放格局。

中国经济的成熟与腾飞

改革开放政策的大力推行，使中国经济在短期内取得了长足的进步。在经济发展过程中，政治体制改革也在不断推行，这成为经济能够进一步萌发活力的政治保障。同时，社会主义市场经济在运行的过程中，虽然也出现了细微的波折，但到20世纪90年代之后，社会主义市场经济作为一种体制得以确立。诸如投机倒把罪的取消，对私营经济的充分肯定等，使影响经济发展的障碍渐趋消除。2001年，经过多年的艰难谈判，中国得以顺利加入世界贸易组织，更证明中国的市场经济得到了国际社会的认可。在中国经济得以迅速走向成熟并迅猛腾飞之际，中国也面对了诸种挑战：譬如因为体制改革产生的下岗职工的再就业问题，亚洲金融危机的冲击问题以及大洪水等天灾问题。中国在应对这些难题时所采取的举措以及收到的良好成效，一方面印证了中国经济所取得的硕果，另一方面也展现了中国政府的执政能力。中国没有被困难吓倒，困难反倒成为中国崛起的试金石。

政治保障：政治体制改革的推行

20世纪90年代刚刚到来，世界上就发生了一件惊天动地的大事，苏联解体了。苏联的解体甚至比70年前的苏联建立更加让人震撼。戈尔巴乔夫激进的"新思维"不仅没能让苏联走出低谷，相反却让苏联走向了陨落。1991年12月25日，戈尔巴乔夫发表电视讲话，宣布自己停止作为苏联总统的活动，同时苏联的国旗悄然从克里姆林宫的上空缓缓落下。

然而，苏联模式的失败并不代表着社会主义制度的失败，中国的有中国特色的社会主义道路正欣欣向荣。人们可能更多地对中国的经济体制改革和对外开放给予了关注，而没有注意到实际上中国的政治体制改革也正在悄然进行。

在经济和政治联系日益紧密的时代，往往不再会有单纯的政治事件，或者单纯的经济事件。经济的不景气会影响政府的执政能力，政治的不稳定则会把一国的经济推向深渊。在改革开放如火如荼地展开，经济形势日益看好的时候，政治改革的推进也就是一件至关重要的大事了。因为如果一些政治问题不解决，政治体制依旧停滞于以往计划经济时期的体制，将无法满足日益发展的经济需要，最终将成为经济发展的桎梏。政治经济的脱节必然将危及到整个国家未来的发展。中国政府清晰地看到了这一点，因此从改革开放开始，政治体制的改革也就渐进地开始了。

苏联自成立之初在中央领导层一直倾向于个人英雄主义，这也是苏联种种弊端产生的重要原因之一。中国共产党在刚刚建国的时候也逐渐有了这种倾向，并且在文革期间达到顶峰，党内的民主氛围被个人崇拜冲淡了。在十一届三中全会之后，在邓小平的领导下，党内的民主又开始恢复和完善。1982年对人民代表大会制度和政治协商会议制度的恢复和对宪法的修订都是例证。

1982年9月召开的党的十二大提出继续改革和完善国家的政治体制和领导体制，消除权力过分集中、兼职副职过多、机构重叠、职责不明、人浮于事、党政不分等种种弊端，克服官僚主义，提高工作效率等，自此政治体制改革开始了。虽然政治体制改革没有分产到户、建立市场机制和设立经济特区等改革这样显眼，但是还是在稳步的推进，也恰恰因为这种稳步避免了苏联戈尔巴乔夫改革中的激进主义，避免了许多问题的产生。

此后，政治体制改革还主要表现为坚定不移地执行废除领导职务的终身制，到1987年基本上完成了这一任务，并且恢复党的各级纪律检查委员会、进行党政分开尝试等。

在各项政治体制改革推行的时候，中央领导层新面孔的出现也引起了世人的注意。1989年6月在中共十三届四中全会上江泽民当选为中共中央政治局常委、中共中央委员会总书记。1989年11月在中共十三届五中全会上江泽民当选为中共中央军事委员会主席，1990年3月在七届全国人大第三次会议上当选为中华人民共和国中央军事委员会主席。1993年3月在八届全国人大第一次会议上江泽民当选为中华人民共和国主席、中华人民共和国中央军事委员会主席。以江泽民为代表的新中国第三代中央领导集体开始走向前台，担当起领导中国走上崛起之路的重任。

1992年后，随着社会主义市场经济体制的逐步建立，建立与社会主义市场经济体制相适应的政治体制问题再次引起了关注。江泽民同志对如何进行政治体制改革进行了理论上的思考，这些思考既是对以邓小平同志为核心的第二代中央领导集体创立的政治体制改革理论的继承，又是对政治体制改革理论的开拓性发展，使之更加具有时代性、实践性和目标指向性。

1997年9月12日至18日中国共产党第十五次全国代表大会于北京召开。提出了中国共产党面向新世纪进一步推进政治体制改革的总要求。这次十五大报告指出，中国经济体制改革的深入和社会主义现代化建设跨越世纪的发展，要求我们在坚持四项基本原则的前提下，继续推进政治体制改革，进一步扩大社会主义民主，健全社会主义法治，依法治国，建设社会主义法治国家。中国实行的人民民主专政和人民代表大会制度是人民奋斗的成果和历史的选择，必须坚持和完善这个根本政治制度。中央的宏观政策制定和为了加强政府效率，加强行政能力，加强对社会发展进行服务而进行的政治体制改革，都很好地促进了中国社会的发展。

改革开放后，尤其是20世纪90年代以后在农村和个体层面的政治改变更让我们看到了一个全新的国家。选举这个词本身就是一个民主化的标示，而农村选举更体现了民主的贯彻和深入。中国一直是一个农业大国，农村人口的比重一直很高，而使民主选举制度能够在全中国的每一个角落里实行，使民众能够选择恰当的领头人，不论对某一村某一县来说，还是对整个国家来说，都为其健康良性的民主发展提供了强大的支撑。

当农民意识到自己是村县的主人，进而是整个国家主人的时候，他们就成为了现代意义上的公民，而公民意识的觉醒不仅是推动一个国家团结向前的力量源泉，更是让一个国家能够不断获得创新思维的动力所在。在中国，农民经历了几千年的"子民"阶段后，在长期习惯了被强大的政治权威摆布之后，由"子民"到"公民"的提升不仅让农民本身也让整个世

农村选举

界感觉到,中国走向了民主。

在中国,官本位思想曾长期存在。自孔子开始就强调"亲亲"、"尊尊",也就是强调家族内部和社会上的等级观念,而"国"和"家"的结构是基本一致的。民众相对于官府就相当于子女相对于父母,因此地方的官员也往往被称为"父母官"。在这样的等级制度下,民告官基本是一种妄想,即便有人真去告官,也往往在问是非之前就要受到惩戒,原因是超越了等级观念。

但在改革开放之后,尤其是在20世纪90年代之后,民告官的案例不胜枚举,一方面反映了民众法律意识的增强,知道法律维护的是全社会的正义,知道拿起法律武器保护自己;另一方面也反映了民众对政府观念的改变,认识到政府不是一个高高在上的特权机构,而是一个为民众服务、为社会服务的机构,当这个机构不合法地侵害个人的权利时,也就违背了其自身的职责所在,因此民告官理所当然。同时,在民告官的案例中也折射出中国民众财产观念的变化,政府即便拥有很大的行政权力,也不能随意侵犯民众的私有财产。而私有财产受到尊重正是一个社会能够稳定的前提。

在政府从中央到地方一步步扎实有效地推动政治民主化、社会法制化,以此完善中国的社会主义制度,巩固改革开放的成果的时候,在经济政策层面对改革开放的推进中,确立市场经济制度也同样非常重要。

社会主义市场经济制度的确立

当20世纪90年代来临的时候,东亚地区的经济图景并不让人乐观,因为一度蒸蒸日上的日本经济急转直下,陷入了低谷。日本的这次危机以1991年初日本四大证券公司舞弊丑闻被曝光为暴发点,经济形势急转直下,从泡沫景气转为衰退和萧条,房地产市场低迷,金融市场动荡,企业大量倒闭,负债规模空前,失业率攀升,自1992年以后经济增长持续低迷。日本曾经紧随在亚洲四小龙之后,创造了东亚经济增长的奇迹,并攀升至资本主义世界第二大经济强国。然而,到了20世纪90年代,几代人树立起来的自信心和乐观情绪却被残酷的现实碾压得消失殆尽。

此时的中国,因为种种因素,改革开放的步伐从1989年变得迟缓,这种状况一直持续到了1992年。这三年中,有的人打起了退堂鼓,甚至有人怀疑改革开放之路走得对不对,只有打破疑虑和顾忌中国才能够大步向前走。而这个疑虑终于在1992年的春天被打破了。

1992年1月18日至2月21日,已经88岁高龄的邓小平视察了我国南方的武昌、深圳、珠海和上海等地,并发表重要谈话,强调我们必须坚定不移地坚持党的"一个中心、两个基本点",即以经济建设为中心,坚持四项基本原则,坚持改革开放的基本路线,解放思想,实事求是,抓住有利时机,加快改革开放步伐,集中精力把经济建设搞上去,不断地把有中国特色的社会主义事业全面推向前进。针对一些人的迟疑、退缩和就产生的问题的担心，邓小平认为，改革开放胆子要大一些，敢于试验。没有一点闯的精神，就走不出一条好路，干不出新的事业。

借着邓小平南方谈话的春风，1992年10月12日至18日，中国共产党第十四次全国代表大会在北京举行，气氛热烈。江泽民作了《加快改革开放和现代化建设步伐，夺取有中国特色社会主义事业的更大胜利》的报告。报告总结了十一届三中全会以来14年的实践经验，决定抓住机遇，加快发展；确定我国经济体制改革的目标是建立社会主义市场经济体制。

1993年11月11日至14日，中共十四届三中全会举行。全会通过了《中共中央关于建立社会主义市场经济体制若干问题的决定》。全会指出，社会主义市场经济体制是同社会主义基本制度结合在一起的。建立社会主义市场经济体制，就是要使市场在国家宏观调控下对资源配置起基础性作用。要进一步转换国有企业经营机制，建立适应市场经济要求、产权清晰、权责明确、政企分开、管理科学的现代企业制度。十四届三中全会的召开，进一步明确了企业的改革方向，为建设有活力、有能力的企业铺平了道路。

1993年12月25日，国务院作出了《关于金融体制改革的决定》。金融体制改革的目标是：建立在国务院领导下，独立执行货币政策的中央银行宏观调控体系；建立政策性金融与商业性金融分离，以国有商业银行为主体、多种金融机构并存的金融组织体系；建立统一开放、有序竞争、严格管理的金融市场体系。金融业是市场经济的重要组成部分，金融业也是支撑企业扩大发展的动力。只有建立了完善的金融体系，才能一方面使金融业从经济体制改革中获得应有的回报，另一方面通过金融业的积极参与推动企业的进一步发展。金融体制改革就是要建立金融业与企业互惠共赢的局面，同时也使中国的企业发展充满后劲。

在确立社会主义市场经济体制的过程中,还有一个重要的问题是如何确定非公有制经济的地位,尤其是民营企业的地位。1982年,五届全国人大五次会议通过了经过全面修改的宪法,确认了个体经济的合法地位,提出其是社会主义公有制经济的补充。但是就在1982年,"八大王"被冠以投机倒把罪开始,关于非公有经济的争论依然在进行。虽然"八大王"在1984年被宣布无罪,但是投机倒把罪却并没有废除,口袋罪的倾向也依然存在,1987年,甚至通过了《投机倒把行政处罚暂行条例》,很多人依然对民营企业爆发式的财富增长心有不安。

1988年,七届全国人大一次会议通过的宪法修正案,增加了国家允许私营经济在法律规定的范围内存在和发展的内容。党的十四大决定实行"社会主义市场经济"后,1993年,八届全国人大一次会议通过宪法修正案,明确了非公有制经济的地位和作用。1997年,党的十五大将非公有制经济纳入到社会主义初级阶段的基本经济制度框架内,非公有制经济在国民经济中的地位得到了前所未有的重视和肯定。也就是在这一年,投机倒把罪也终于从《刑法》里取消了,这无疑是拿掉了悬在非公有经济头上的那柄达摩克利斯之剑,民营企业家的心也变得踏实了。

到了1999年,中央明确非公有制经济是社会主义市场经济的重要组成部分,更使民营企业彻底消除了顾虑。1999年3月5日至15日,九届全国人大二次会议在北京举行。会议通过了中华人民共和国宪法修正案,明确非公有制经济是中国社会主义市场经济的重要组成部分,大大促进了社会生产力的发展。改革开放以来,国家对非公有制经济的认识及相关政策的制定终于完成了从探索到完善的过程。

在发展社会主义市场经济的进程中,中国一直希望能够得到世界的承认,消除与其他国家贸易的壁垒,更好地参与到全球的资源配置中,与其他国家实现最大限度的资源共享。

中国原本是1947年成立的关税与贸易总协定创始国之一。关贸总协定是第二次世界大战后各国为了加强经济合作和互惠共赢而建立的政府间国际组织，它的宗旨是通过削减关税和其他贸易壁垒，削除国际贸易中的差别待遇，促进国际贸易自由化，以充分利用世界资源，扩大商品的生产与流通。

1986年7月，中国正式照会关贸总协定总干事，要求恢复中国总协定缔约国地位，从此开始了一轮又一轮的"复关"谈判。1995年1月1日，关税与贸易总协定更名为世界贸易组织（WTO），从此，中国又开始积极申请加入世贸组织。1995年6月3日，中国成为世贸组织的观察员，但是距离成为正式会员国，还要焦急地等待六年。

2001年6月14日，中美就中国加入世界贸易组织所遗留问题的解决达成了全面共识。2001年6月20日，中国与欧盟就中国入世问题达成全面共识。这为中国加入世贸组织铺平了道路。2001年11月10日，在卡塔尔多哈举行的世界贸易组织第四届部长级会议通过了中国加入世贸组织的法律文件，它标志着经过15年的艰苦努力，中国终于成为世贸组织新成员。加入世贸组织后中国将享受多边贸易体系多年来促进贸易自由化的成果，享受多边的、稳定的、无条件的最惠国待遇。中国享受的权利有助于中国商品进入国际市场，但入世也给中国政府和企业带来挑战，对政府加快转换职能、依法行政，企业提高技术水平、加快结构调整、提高管理水平提出了新要求。

加入世贸组织是国际社会对中国社会主义市场经济体制的充分肯定，也是对中国崛起的认知。加入世贸组织也使中国完全融入国际市场，使中国面临着机遇也面临着挑战，如何应对机遇和挑战，中国将在21世纪给出一个答案。

经济发展与应对挑战

如果说20世纪80年代是中国经济的起步阶段的话,那么20世纪90年代以后就是中国经济的崛起时代。

考察中国经济的崛起,我们可以先从上海说起。清朝道光皇帝二十六年,也就是1846年,在被迫敞开大门的上海,建立起了全中国第一家西商开的饭店,它逐渐发展成上海最为豪华的饭店,同时也是东亚地区最著名的饭店之一。在1990年时,它叫浦江饭店。这个饭店内有一个大约500平方米的富丽堂皇的孔雀厅。1990年的12月19日,作为餐厅的孔雀厅永远地沉睡了,取而代之的是中国资本市场的觉醒。在这里,中国的第一家证券交易所——上海证券交易所挂牌成立了。紧随着上海的步伐,深圳证券交易所也很快诞生了。

在股票最初发行时,普通民众对股票不大了解,也不愿意购买。中国人的观念里已经习惯了若有余钱就存进银行的观念,虽然从银行获得的利息微薄,但是从心理上讲比较踏实,因此最初的新股认证往往要采用摊派的方式。被摊派到的人很快发现,股票的收益让他们充分享受到了企业成长带给自己的是远远高于银行利息的股息分红。甚至,一张小小的认购券,竟能改变一人乃至一家的经济状况,这是人们根本不曾想到的。于是人们奔走相告,到了1992年买股票投资已经蔚然成风。而许多公司也恰恰是借

上海证券交易所

助了股票这种资本市场特有的募集资金方式,为企业的发展壮大提供了资金支持。

1992年成为公司狂欢的年份。从1992年2月开始,北京市的新增公司以每个月2000家的速度递增,比过去增长了2—3倍。如今已经成为世界500强企业的上海宝山钢铁集团也是在1992年扩建工程建成投产,从而成为中国最具竞争力的钢铁企业。中国第一个经国家工商局批准的私营企业集团四川希望集团也于此时成立。同样是在1992年,海尔集团正式成立,在经过最初的技术攻关,创建品牌之后,从一种产品开始向多种产品扩张,全面实施多元化战略。

伴随着中国企业的快速成长,中国的出口也开始呈现高速发展的态势。1991年时中国的出口额大约在700亿美元,在世界上的排名已经从1980年时的第26位跃进到第13位,占世界经济比重的2%。在1999年,中国的出口额大约在1900亿美元,在世界上的排名继续提升到第9位,占世界经济的比重达到3.6%。当中国加入世贸组织之后,中国的进出口总额有了更大的提高,在2002年中国的进出口总额达到3300多亿美元,在世界上的排名上升到第4位。从这些统计数字可以清晰地看出，中国的综合国力的飞速发展，已经使中国当之无愧地崛起为世界大国。

伴随着进出口贸易的增加，中国也由最初的以"三来一补"贸易为主，注重劳动密集型产业为主开始努力向多元化发展，"中国制造"开始走向世界。虽然中国走向世界的产品主要集中在人们日常所需的家庭用品，如服装、鞋帽、打火机、儿童玩具等，但是这已经脱离了最初只是做加工贸易和补偿贸易的阶段。虽然中国仍旧难免靠着自己劳动力低廉的优势在国际市场上与其他国家竞争，但是这已较以往用中国的劳动力只是为他人做嫁衣裳的阶段有了推进。在自主研发领域，中国的企业也开始努力突破。当然，中国的产品附加值不足和科技的落后也仍然是制约中国未来竞争力的一个重要因素，但是从中国企业的发展轨迹来看，进步是显而易见的。

在中国企业努力走出去的时候，许多大型的跨国公司也正在努力地走进来，从1979年可口可乐进入中国市场开始，百事可乐、肯德基、麦当劳、沃尔玛等都纷纷涌入中国。尤其是从1993年开始，中国迎来了一个跨国公司在中国的投资热潮。在1992年邓小平南方谈话发表之前，一些跨国公司一直对中国政府对跨国公司的态度静观其变。虽然这些跨国公司已经看到一些先行进入中国的跨国公司所获得的丰厚利润，但他们也注意到了中国一些人对跨国公司的指责，如批评他们廉价获取了中国最优秀的头脑和最精壮的劳动力，他们给中国人带来了消费主义和品牌惯性等。但到了1993年，跨国公司的投资热情被带动起来了。1993年的9月，"北京·1993跨国公司与中国"的会议在北京国贸中心召开，西门子、巴斯夫、摩托罗拉等50多家跨国公司的代表和国务院、外经贸部的官员齐齐到场，外经贸部部长吴仪和国务院副总理李岚清在会上鼓励跨国公司来华投资。当天晚上，国家主席江泽民在中南海邀请了其中15个比较大的跨国公司的代表——这是改革开放以来中央政府第一次对跨国公司发出的正式的邀请。这预示着中国的领导层已经坚定了引进外资、鼓励跨国公司在中国发展的决心。很快,决心就转化成了行动。众多的跨国公司纷纷在中国建厂、投资,1993年,摩托罗拉公司把全球董事会从美国搬到中国来召开,董事们乐观地认为中国将是摩托罗拉全球增长最快的市场,而这种看法无疑被事实证明是正确的。

中国在快速地崛起,能够说明中国崛起的除了那些可喜的数字和企业的狂欢之外,中国政府面对问题、面对危机的处理能力更是体现了一个崛起中大国的不俗的力量。

在中国的经济转型过程中,为了提升企业的竞争力量,很多企业采取了精简员工的措施,这导致大量的工人下岗。面对着短时间内出现的成千上万的下岗工人,政府没有撒手不管,而是采取了各种措施促进下岗工人的再就业。在长期的计划经济体制下,工人们没有经历过双向选择的求职过程,尤其对一些以往任职于管理类或服务类的人员来说,没有一技之长使他们在刚刚下岗时手足无措。针对这种情况,政府积极筹办各种培训部门,对下岗人员进行培训,培养他们具备一技之长。同时政府也积极创造就业岗位,据不完全统计,自1994年到2004年的10年间,中国创造的就业岗位超过8000万个。政府还鼓励下岗人员进行创业,并从资金、制度等多方面进行优惠扶持。有了这一系列的措施,下岗人员不仅没有成为社会的负担,反倒通过各种方式重新融入社会,为中国经济的进一步发展注入了活力。

1997年,在亚洲爆发的金融危机震惊了全世界。东南亚在20世纪90年代进入了一个高速发展期,其中的花园国家新加坡早在20世纪五六十年代就跻身亚洲四小龙之一,并且成为东南亚其他国家的样板。然而,就是这么一个看起来朝气蓬勃的后发地区,却在1997年的6月开始走入了经济的低谷。

1997年的7月2日，泰国的货币泰铢，一天之内大跌20%。随后，这场危机迅速向其他东南亚国家蔓延，紧接着整个亚洲甚至整个世界都开始或多或少受到亚洲金融危机的影响。亚洲金融危机使东南亚的许多国家企业大量破产，工人大量失业，一时阴云笼罩。以东南亚地区最大的国家印度尼西亚为例，1997年国内生产总值558万亿盾（约合2380亿美元），人均产值1202美元，到1998年2月则分别贬为550亿美元和277美元。

谈到亚洲金融危机，不得不提的人是乔治·索罗斯。在亚洲金融危机爆发之前，索罗斯就已经被很多人称为富有神秘色彩的金融巨鳄。1992年9月15日索罗斯就曾凭借自己建立的基金，通过大量放空英镑的做法，使英镑飞速贬值，尽管为捍卫英镑，英国政府动用了价值269亿美元的外汇储备，但还是以失败而告终，索罗斯也被媒体称为"打垮了英格兰银行的人"。20世纪90年代初期，当西方发达国家正处于经济衰退中，东南亚国家的经济却出现了奇迹般的增长。当亚洲处于泡沫经济的狂热和兴奋之时，并没有意识到自己经济上的漏洞，但是索罗斯却已经察觉到了。从1997年初开始，由索罗斯领导的量子基金开始瞄准经济过热、财政赤字高企的泰国，开始大量抛售泰铢，泰国外汇市场立刻波涛汹涌、动荡不宁。泰铢一路下滑，泰国政府动用了几百亿美元的外汇储备、国际贷款企图力挽狂澜，但这几百亿美元的资金相对于国际游资来说，犹如杯水车薪，无济于事。

危机爆发后，人们纷纷指责索罗斯是这场危机的罪魁祸首，但是这种将所有过错推给一个人的做法未免太过苛责，也太过单线思维了。索罗斯也同样不满国际社会对他的这种指责，索罗斯后来在自己的著作《开放社会》一书中，曾解释亚洲金融危机总体上来说是国际金融体系的不完善，更有所谓"亚洲模式"的固有缺陷在内：亚洲经济中存在着很多结构性弱点。

大多数企业归家族所有，按照儒家传统，家族为了自己的利益要掌管企业。如果他们向公众发行股票，也往往置小股东的权利于不顾。由于靠企业的收益不足以为企业成长提供所需资金，因此，他们宁愿依赖贷款而不愿意冒失去资本控制权的风险。与此同时，政府官员把银行贷款当作产业政策工具来使用，他们也以此来报答亲朋好友。企业与政府之间存在着形影不离的密切关系，这只是其表现之一。这些因素叠加在一起，导致了很高的负债率，一个既不透明、也不健全的金融部门。让银行对接受银行贷款的企业执行某种纪律的想法是行不通的。

在危机爆发的时候，各国都在思考怎样自救。亚洲金融危机在冲击中国近邻的同时，自然对中国的冲击也不可避免。在周边国家的货币纷纷贬值的时候，对中国产品的出口也造成了巨大的压力。此时如果人民币也随波逐流进行贬值，那么中国的产品就能增强国际竞争力，但是这将会使整个亚洲地区的危机升级，也将使整个世界经济受到亚洲金融危机的拖累更为严重。何去何从，这成为了摆在中国面前的一个艰难抉择，同时整个世界也在注视着中国的举动。

1997年12月，国家主席江泽民在出席与东盟首脑非正式会晤时，首次就这一问题作了公开承诺：人民币不贬值。中国的这种选择既体现了中国作为一个大国的负责任的姿态，同时也彰显了中国国力的日益强大。中国领导人向世界传达的这个信号，让很多对中国抱有偏见的人对中国刮目相看，这个国家的崛起将有利于促进世界的和平与发展。

刚刚走过了被亚洲金融危机笼罩的1997年，中国人却又不得不面对一个来自自然界的灾难——洪水。1998年的夏天，中国长江、松花江、珠江、闽江等主要江河均发生了大洪水。这次洪水遍及全国29个省、自治区、直辖市。

在长江流域，数日之间连降大雨到暴雨，使得长江水流汹涌，声势夺人。连续八次长江洪峰使江汉平原数千万人的生命和整个长江中下游面临巨大的威胁。8月13日，正当长江第五次洪峰向湖北荆江逼近时，国家主席江泽民来到了抗洪抢险的最前线——荆江大堤。几天前，国务院总理朱镕基就曾专程到长江流域视察险情。8月14日，江泽民在湖北抗洪抢险的第一线发表了《夺取长江抗洪抢险决战的最后胜利》的讲话，勉励广大军民坚定信心，严防死守，决战到底。

9月3日至6日，江泽民再赴湖南、江西、黑龙江等地，视察抗洪救灾工作。当江泽民不顾劳顿，身影频频出现在抗洪抢险的前线的时候，或许人们不只是看到了中国抗洪抢险的力度，更看到了一个国家和一个政府的力量。经过中国军民的奋力抢险救灾，9月28日，全国抗洪抢险总结表彰大会在京隆重举行。江泽民总书记发表重要讲话，宣布抗洪抢险斗争已经取得全面胜利。

1999年10月1日是中华人民共和国建国50周年的纪念日。孔子说"三十而立，四十而不惑，五十而知天命"，在新中国走过了50个春秋之后，它也终于走上了一条重新崛起的光明大路，或者说是一条复兴之路。这一天，为了纪念这个光辉的节日，在首都北京举行了隆重的庆祝活动。当然，在这50年中，中国人民走过了一条不平坦的道路，有过胜利的欢乐，也有过失败的痛苦，但是在以毛泽东、邓小平、江泽民为核心的三代中央领导集体的共同努力下，中国终于通过上下求索走上了一条建设有中国特色社会主义的光明大道。

21世纪的多彩中国

进入21世纪的中国,越来越受到国际社会的瞩目。中国不仅依然保持了经济的高增长率,而且中国政府的执政能力不断增强。中国政府成功应对了"非典"的侵袭,中国的载人航天工程取得了突出的进展,中国取消了农业税,出台了《物权法》,这一系列举措都在彰显中国的力量。科学发展观与和谐社会则是21世纪中国发展理念的完整阐述。北京奥运会与上海世博会的相继召开,则使中国更多地迎接了八方来客,也让世界各国的政府与民众对中国有了更直观、更深入的认知,全新而独特的中国形象越来越展现出其独特的魅力。作为新兴市场国家的佼佼者,中国还不断加大同周边国家、同发展中国家的合作,积极参与全球协作,以促成中国与周边国家、与发展中国家的互惠多赢,共同发展。作为国际社会中的重要大国,中国也没有忘记自身肩负的大国责任,在联合国维和行动中与对外援助中,贡献着越来越大的力量。

中国力量：稳定持续的发展

2002年11月8日，中国共产党第十六次全国代表大会在北京召开，会议选举出以胡锦涛同志为总书记的新一届中央领导集体。随着新的领导集体的出现，中国走向了新的腾飞之路。此时，已经融入全球浪潮、融入全球合作的中国，自身的优势正日益体现，也正面临着发展的机遇。

中国政府的执政能力正越来越强，处理事务的效率也越来越高。在20世纪的90年代，中国政府通过处理下岗就业问题、应对亚洲金融危机和处理1998年洪水事件已经充分彰显了一个大国政府的执政能力和整个国家的强大实力，而发生在2003年的一场突发事件，又再度证明了中国政府的能力，使世界更加相信中国的力量。

2003年春天，一场意外的灾难在毫无防备间到来，一种被称为非典型性肺炎的呼吸道传染病迅速波及了全球32个国家和地区，这种在爆发当时还不为人类了解的病毒所造成的疑惧和恐慌要远比病毒本身蔓延得更快。而中国，正是非典型性肺炎的重灾区。在面对危机的时候，一方面中国的医护人员和科学家加紧对病人进行抢救、治疗和研究防治病毒的疫苗；另一方面国家领导人也以身作则来消除人们心中远比病魔本身更强烈的那种恐惧。

2003年4月14日的下午，在广州最为繁华的商业街北京路上，一个身影的出现让大家吃惊，这个人就是国家主席胡锦涛。此时的广州，已有1000多人感染了萨斯（SARS）病毒，市民们已经人心惶惶，而胡锦涛主席竟在此时此刻出现在了这里，并且依旧和民众们握手、询问情况。主席的这种做法感动了许多人，也让许多人增强了战胜病魔的信心和勇气。

中国领导人用事实告诉人们，他们将始终和人民站在一起，这个政府也将始终与人民站在一起。中国有句古话叫"众人齐心，其力断金"。中国，这一个拥有13亿人口的大国，只要大家齐心协力，有什么难关会闯不过去呢？在政府针对疫情的逐渐透明化报道和积极应对下，在中国人民齐心协力的抗击下，中华大地恢复了平静，也恢复了活力。中国赢得了抗击"非典"胜利的同时也赢得了世界对中国的高度认可。

中国的科技实力也越来越强大，这推动了中国综合国力的迅速提升。中国政府在21世纪的第一缕阳光到来的时候，就向全国告知了在21世纪努力推动中国科技发展的讯号。这一年，中国设立了国家最高科学技术奖，奖金额度为500万元。也许，很多人只是把500万这个数字当作噱头，但是政府设立的这500万奖金却并不是一个噱头，而是告知中国也告知世界，中国政府将高度重视科学技术的发展。

2003年，在"非典"被平息之后，又一件大事让国人的精神为之一震。10月15日，在地处茫茫戈壁之中的酒泉卫星发射中心，中国人探索宇宙的脚步从这里迈出。神州五号载人飞船于这一天的9点整发射升空。这一事件让国人沸腾了，甚至那些定居海外的华侨、华人都热泪纵横。

1961年4月12日，苏联发送了人类历史上的第一艘载人飞船，航天员加加林乘坐飞船绕地球一周并安全返回地面。1962年2月20日，美国人格林乘坐美国载人飞船"友谊"七号升空，环绕地球轨道三圈。美国成为了继苏联之后第二个掌握了载人航天技术的国家。此后，各个国家都加紧研究载人航天技术，因为这不仅能提高一个国家的军事实力，更是一个国家综合国力的写照。但是，40多年间，载人航天技术一直被苏联（1991年后是俄罗斯）和美国垄断着。直到2003年10月15日杨利伟成为浩瀚太空中的第一位中国访客，中国成为了世界上第三个独立掌握航天技术的国家。这为中国人原本不甚乐观的2003年画了一个完美的句号，同时也留给国人一份珍贵的记忆。

两年以后，也就是2005年的10月12日，神州六号载人飞船搭载着两名宇航员费俊龙和聂海胜成功升空，又将科技水平向前推进了一步。伴随着中国航天事业的进展，整个中国强大的科技力量也展现在世人面前。而科技正是21世纪国际竞争中的一个关键因素，科技的进步让世界看到了中国崛起的强大后劲。

在2003年，中国经历的"非典"，对旅游、酒店、交通运输、会展、娱乐、餐饮、零售等服务行业带来了严重打击，对中国的对外贸易也是一个不小的冲击。同时，这一年的国际局势也因为美国悍然发动伊拉克战争而变得并不乐观。但是中国经济在2003年却依然保持强劲的增长势头，并且出现了一些可喜的改变。

2003年的10月1日，正是新中国的第54个国庆节。也就是在这一天，美国著名的高盛公司发表了一份题为《与金砖四国一起梦想：通往2050年的道路》的全球经济报告。"金砖四国"即指巴西、俄罗斯、印度、中国四国，因为这四个国家的英文名称首字母缩写为BRIC。"金砖四国"概念的提出很快便风行全球，成为对21世纪全球经济走向的最大预言。而在《与金砖四国一起梦想：通往2050年的道路》这份报告中，高盛公司进行了具体的预测：在2050年以前，金砖四国的国民生产总值将超过目前掌握全球经济话语权的美国、日本、德国、英国、法国、意大利和加拿大，巴西将于 2025 年取代意大利经济位置，并于 2031 年超越法国；俄罗斯将于 2027 年超过英国，并于 2028 年超越德国。中国将在 2039 年取代美国成为全球第一经济强国。到 2050 年，世界经济格局将会剧烈洗牌，全球新的六大经济体将变成中国、美国、印度、日本、巴西、俄罗斯。届时，现有的六大工业国将只剩下美国与日本。

这是一份颇富有颠覆性的报告，在这份报告中对中国的预测是最为乐观的，而从 2003 年开始的中国经济状况，似乎也真的在为高盛公司的预言作证。2003 年，中国国内生产总值迈上了 11 万亿元的新台阶。中国的国内生产总值总量不仅在扩大，而且积聚 1 万亿元增量的时间在迅速缩短。2003 年中国仍然是世界上经济增长最快的国家之一，同比上涨 10.0%，这是自 1997 年亚洲金融危机以来增长最快的年份。就在这一年，中国的人均国民生产总值超过了 1000 美元。按照国际发展的惯例，一个国家人均国民生产总值达到 1000 美元，它就进入了一种自我维持的发展阶段。在这一阶段，消费结构向发展型、享受型升级，汽车加速进入家庭，由此推动产业结构升级。

2004 年中国经济增长 10.1%。中国粮食生产获得丰收，全年粮食总产量 4695 亿公斤，粮食单产和当年粮食增产量均创历史最高水平；农民人均纯收入达到 2936 元，实际增长 6.8%，是 1997 年以来增长最快的一年。全年进出口总额 11547 亿美元，增长 35.7%。2005 年中国经济增长 10.4%，2006 年中国经济增长 10.7%。2006 年是中国加入世界贸易组织的第五年，同时也是实行全面开放的第一年。从此中国的市场经济卸下最后一层保护性的铠甲，正式加入到全球风云变幻的大市场中。中国在入世这五年的历练中，交上了一份满意的答卷。

2007 年 7 月 1 日，全线通车的青藏铁路，吸引了来自全世界的目光，这条沿着世界屋脊蜿蜒而上的铁路并没有忘记同时使用它的人和动物，33条供藏羚羊迁徙的走廊和8万多平方米人造湿地最大程度地保护了周边生态。人们关注的显然不仅仅是世界上海拔最高铁路的诞生，而是铁路将会辐射和带动的这一地区的经济。一个颇有意味的评论说：中国将会被带到一个新的高度。到2010年中国经济总量更是跃居到世界第二，成为仅次于美国的全球第二大经济体，的确创造了新的高度。

中国的制度创新依然稳步推进。在中国的经济发展过程中，很多地方政府曾经为了增加产值，加速企业的发展而忽视了对环境和生态造成的破坏，虽然中央屡次下令整治但是收效不大。2005年底，国家环保总局以严重违反环保法律、法规的名义，叫停了30个总投资1179亿多元的在建项目。这是《中华人民共和国环境影响评价法》实施以来，中国首次大规模对外公布违法开工项目。外电评论中国环保"动真格的了"。中国坚持持续发展，以保护环境为前提发展工业的指导思想也开始雷厉风行地执行了，这是制度创新的一个方面。同时国家也在努力思索三农问题。从2004年开始，惠农政策的力度通过中央一号文件一次次加大，2006年1月1日农业税被正式废止，中国农民告别了已有2600多年历史的"皇粮国税"。

2006年，西部地区农村义务教育阶段中小学生全部免除学杂费；中央财政同时对西部地区农村义务教育阶段中小学安排公用经费补助资金，提高公用经费保障水平；启动全国农村义务教育阶段中小学校校舍维修改造资金保障新机制。2007年，中部地区和东部地区农村义务教育阶段中小学生全部免除学杂费；中央财政同时对中部地区和东部部分地区农村义务教育阶段中小学安排公用经费补助资金，提高公用经费保障水平。中国的义务教育步入了新的阶段，这也是从体制上对城乡差别和工农差别进行的调整，这种调整将有利于农村的进一步发展，也将有利于中国的可持续性发展。

盛世阳光下中国人开始享受幸福的生活,实现了从温饱到小康这一历史性跨越的中国人越来越坚定了一个共识:全面建设小康社会必须建设社会主义法治国家。2007年春天,《中华人民共和国物权法》获得通过,这部受到全社会高度关注的法律立法时间长达14年,草案曾进行七次审议。"公民的合法的私有财产不受侵犯","国家尊重和保障人权"被郑重地写入法律。《物权法》对公民合法私有财产的肯定和对人权的充分尊重,已经表明中国不仅在实践上一步步实现着体制的创新和完善,而且充分认识到了从法律层面对制度加以固定和规制的重要性。

曾经,在这个庞大的国家中,是"普天之下,莫非王土;率土之滨,莫非王臣"的帝国观念;曾经,在这个文明的国家,是等级有别,家国一体的儒家伦理;曾经,在这个自大的国家,是天朝上国、以我为中心的盲目情怀……太多的曾经已经成为过眼烟云。毛泽东的那句词"数风流人物,还看今朝",似乎放在21世纪的中国更为恰当。

此时的中国,经济依然蒸蒸日上,在全球化的浪潮中,中国政策的及时调整,使中国没有被抛在全球化的浪潮之外,中国凭借着自己的优势,在革除自身种种弊端的同时以一种开放的心态融入了全球社会,同时也融入了全球化的潮流。

《中华人民共和国物权法》

中国声音：科学发展观与和谐社会

2003年8月28日至9月1日，胡锦涛同志在江西考察工作时明确使用了"科学发展观"的概念。随后，党的十六届三中全会通过的《中共中央关于完善社会主义市场经济体制若干重大问题的决定》中，第一次明确了科学发展观的基本概念，即坚持以人为本，全面、协调、可持续的发展观，促进经济社会和人的全面发展。此后，经过深入细致的阐释，科学发展观成为了一套完善的理论体系。

以人为本，就是要把人民的利益作为一切工作的出发点和落脚点，不断满足人们的多方面需求和促进人的全面发展；全面，就是要在不断完善社会主义市场经济体制，保持经济持续快速协调健康发展的同时，加快政治文明、精神文明的建设，形成物质文明、政治文明、精神文明相互促进、共同发展的格局；协调，就是要统筹城乡协调发展、区域协调发展、经济社会协调发展、国内发展和对外开放；可持续，就是要统筹人与自然和谐发展，处理好经济建设、人口增长与资源利用、生态环境保护的关系，推动整个社会走上生产发展、生活富裕、生态良好的文明发展道路。

科学发展观第一要义是发展。中国特色社会主义是靠发展来不断巩固和前进的。只有紧紧抓住和搞好发展，才能从根本上把握人民的愿望，把握社会主义现代化建设的本质，把握中国共产党执政兴国的关键。人类社会正在经历深刻变革,世界范围内经济实力和综合国力竞争空前激烈。紧紧抓住并切实用好重要战略机遇期,奋力在这场大竞争中取得主动,发展壮大自己,是中国立于不败之地的根本所在。

科学发展观的核心是以人为本。坚持以人为本,就是要坚持从人民的根本利益出发谋发展、促发展,不断满足人民日益增长的物质文化需要,不断实现好、维护好、发展好最广大人民的根本利益;就是要坚持在全体人民根本利益一致的基础上,正确反映和兼顾不同地区、不同部门、不同方面群众的利益,妥善协调各方面的利益关系,走共同富裕道路;就是要切实保障人民依法享有各项权益,维护社会公平正义,满足人们的发展愿望和多样性需求,关心人的价值、权益和自由,关注人们的生活质量、发展潜能和幸福指数,体现社会主义的人道主义和人文关怀,促进人的全面发展。经济建设上,要着眼于创造更丰富的社会物质财富,全面改善人民生活,不断提高人民生活水平。

科学发展观基本要求是全面协调可持续。坚持全面协调可持续发展,就要正确处理经济与社会发展,城市与农村发展,东、中、西部发展,人与自然界发展,国内发展和对外开放,改革发展稳定等现代化建设中的重大关系;就要统筹安排和处理好消费与投资、供给与需求,发展的速度和结构、质量、效益,科技进步与人力资源优势的充分发挥,市场机制与宏观调控等经济发展的重大问题;就要坚持把社会主义物质文明、政治文明、精神文明、和谐社会建设以及生态文明建设和人的全面发展,看成彼此相互联系、相互促进、不可分割的过程。

科学发展观根本方法是统筹兼顾。要统筹城乡发展,贯彻工业反哺农业、城市支持农村的方针,正确处理工业和农业、城市和农村、城镇居民和农民的关系,逐步解决城乡二元结构矛盾,实现城乡共同繁荣。要统筹区域发展，积极推进西部大开发，全面振兴东北地区等老工业基地，大力促进中部地区崛起，积极支持东部地区率先发展，逐步形成东中西部相互促进、优势互补、共同发展的新格局。要统筹经济社会发展，进一步发挥政府在促进就业、调节分配、完善社会保障、实现社会公平等方面的作用，加快科技、教育、文化、卫生、体育、社会保障、社会管理等社会事业发展。要统筹人与自然和谐发展，坚持节约资源和保护环境的基本国策，增强可持续发展的能力。要统筹国内发展和对外开放，善于从国际形势发展变化中把握发展机遇、应对风险挑战，不断完善我国社会主义市场经济体制和参与制定国际经济贸易规则。

科学发展观，是中国共产党在总结新中国建设的经验与教训的基础上，提出的全面、合理的发展思路和指导思想，树立和落实科学发展观是妥善应对中国经济社会发展关键时期可能遇到的各种风险和挑战的正确选择。

2004年9月16日至19日，中国共产党十六届四中全会在北京举行。全会又首次提出了构建社会主义和谐社会的历史任务，明确提出，形成全体人民各尽其能、各得其所而又和谐相处的社会，是巩固中国共产党执政的社会基础、实现中国共产党执政的历史任务的必然要求。

2004年2月19日，胡锦涛在中央党校省部级主要领导干部"提高构建社会主义和谐社会能力"的专题研讨班上，进一步阐明了构建社会主义和谐社会的基本内涵，指出："我们所要建设的社会主义和谐社会，应该是民主法治、公平正义、诚信友爱、充满活力、安定有序、人与自然和谐相处的社会。"2005年10月，党的十六届五中全会把构建社会主义和谐社会确定为贯彻落实科学发展观必须抓好的一项重大任务，并提出了工作要求和政策措施。

在此基础上，2006年10月，中国共产党十六届六中全会专门作出《关于构建社会主义和谐社会若干重大问题的决定》。《决定》明确了社会主义和谐社会的性质及其定位、构建社会主义和谐社会的指导思想、奋斗目标和主要任务以及必须遵循的正确原则。《决定》着重从五个方面对构建社会主义和谐社会作出了工作部署：一是坚持协调发展，加强社会事业建设；二是加强制度建设，保障社会公平正义；三是建设和谐文化，巩固社会和谐的思想道德基础；四是完善社会管理，保持社会安定有序；五是激发社会活力，增进社会团结和睦。

目前，我国社会总体上是和谐的。但是，也存在不少影响社会和谐的矛盾和问题，主要是：城乡、区域、经济社会发展很不平衡，人口资源环境压力加大；就业、社会保障、收入分配、教育、医疗、住房、安全生产、社会治安等方面关系群众切身利益的问题比较突出；体制机制尚不完善，民主法制还不健全；一些社会成员诚信缺失、道德失范，一些领导干部的素质、能力和作风与新形势新任务的要求还不适应；一些领域的腐败现象仍然比较严重；敌对势力的渗透破坏活动危及国家安全和社会稳定。

到2020年，构建社会主义和谐社会的目标和主要任务是：社会主义民主法制更加完善，依法治国基本方略得到全面落实，人民的权益得到切实尊重和保障；城乡、区域发展差距扩大的趋势逐步扭转，合理有序的收入分配格局基本形成，家庭财产普遍增加，人民过上更加富足的生活；社会就业比较充分，覆盖城乡居民的社会保障体系基本建立；基本公共服务体系更加完备，政府管理和服务水平有较大提高；全民族的思想道德素质、科学文化素质和健康素质明显提高，良好道德风尚、和谐人际关系进一步形成；全社会创造活力显著增强，创新型国家基本建成；社会管理体系更加完善，社会秩序良好；资源利用效率显著提高，生态环境明显好转；实现全面建设惠及十几亿人口的更高水平的小康社会的目标，努力形成全体人民各尽其能、各得其所而又和谐相处的局面。

和谐社会的理念在不断深入细致的阐述中，也构成了完备的理论体系，构建社会主义和谐社会的所要遵循的诸项原则也日益明确。必须坚持以人为本。始终把最广大人民的根本利益作为党和国家一切工作的出发点和落脚点，实现好、维护好、发展好最广大人民的根本利益，不断满足人民日益增长的物质文化需要，做到发展为了人民、发展依靠人民、发展成果由人民共享，促进人的全面发展。

必须坚持科学发展。切实抓好发展这个党执政兴国的第一要务，统筹城乡发展，统筹区域发展，统筹经济社会发展，统筹人与自然和谐发展，统筹国内发展和对外开放，转变增长方式，提高发展质量，推进节约发展、清洁发展、安全发展，实现经济社会全面协调可持续发展。

必须坚持改革开放。坚持社会主义市场经济的改革方向，适应社会发展要求，推进经济体制、政治体制、文化体制、社会体制改革和创新，进一步扩大对外开放，提高改革决策的科学性、改革措施的协调性，建立健全充满活力、富有效率、更加开放的体制机制。

必须坚持民主法治。加强社会主义民主政治建设，发展社会主义民主，实施依法治国基本方略，建设社会主义法治国家，树立社会主义法治理念，增强全社会法律意识，推进国家经济、政治、文化、社会生活法制化、规范化，逐步形成社会公平保障体系，促进社会公平正义。

必须坚持正确处理改革、发展、稳定的关系。把改革的力度、发展的速度和社会可承受的程度统一起来，维护社会安定团结，以改革促进和谐、以发展巩固和谐、以稳定保障和谐，确保人民安居乐业、社会安定有序、国家长治久安。

必须坚持在党的领导下全社会共同建设。坚持科学执政、民主执政、依法执政，发挥党的领导核心作用，维护人民群众的主体地位，团结一切可以团结的力量，调动一切积极因素，形成促进和谐人人有责、和谐社会人人共享的生动局面。

和谐社会思想与科学发展观思想是相辅相成的，贯彻科学发展观有利于推动和谐社会的构建，构建和谐社会有利于科学发展观的更好贯彻。在中国经济飞速发展的时代，人均国民生产总值由 1000 美元向 3000 美元跃升的过程中，只有更清醒地总结经验和教训，才有利于中国长足、稳定的发展，而科学发展观和和谐社会的中国之声已经证明中国共产党和中国政府对发展问题进行了认真、合理的分析。秉承科学发展观和和谐社会的理念将有助于解决目前发展中的矛盾，推动社会的不断进步。

2005 年 4 月，胡锦涛主席在参加雅加达亚非峰会的讲话中，进一步发展了和谐社会的理念，推而广之，提出了和谐世界的构想，即"推动不同文明友好相处、平等对话、发展繁荣，共同构建一个和谐世界"。同年 7 月，胡锦涛出访俄罗斯，"和谐世界"被写入《中俄关于 21 世纪国际秩序的联合声明》。"和谐世界"第一次被确认为国与国之间的共识，标志着这一全新理念逐渐进入国际社会的视野。这一理念的提出，从根本上回应了国际社会对中国今后社会走向的疑问，从根本上回击了形形色色的"中国威胁论"，从根本上回答了人类希望有一个什么样的世界，以及怎样去构筑这样的世界。这是中国和国际社会所共同面对的重大命题。和谐世界的理念实际上从全球治理的角度指出了如何面对全球化挑战、管理全球化的思路，也是中国对于世界范围内和谐社会构建的深入思考以及对于全球共同应对未来发展提供的真知灼见。

中国形象：北京奥运会与上海世博会

奥运会最初流行于古希腊，是人们对力量之美的一种欣赏。现代第一届奥运会于1896年在希腊雅典举行，此后在世界各地轮流举行。随着历史的脚步，奥运会现在已经成为了和平与友谊的象征。

1908年的一天，南开大学的一些学生机缘巧合地看到了伦敦举行的第四届奥运会的盛况的幻灯片，这些热血青年被震撼了，他们很快投书给《天津青年》杂志，发出了"奥运三问"：中国，什么时候能够派运动员去参加奥运会？我们的运动员什么时候能够得到一块奥运金牌？我们的国家什么时候能够举办奥运会？

1932年，第十届奥运会在美国的洛杉矶举行。此时的中国，正面临着危局。1931年9月18日，日本制造了九一八事变，很快侵占了中国东北地区，并扶植了伪满洲国这个傀儡政权。刘长春，原本在沈阳的东北大学任教，九一八事变后，他不得不辗转前往北平（今北京）。1932年洛杉矶举办奥运会的消息传来，在张学良的支持下，李长春准备出征奥运，而中国参加奥运会的只有他一个人。

1932年，当刘长春准备踏上出征奥运的征程时，人们纷纷赶来送别，因为在此时这多灾多难的中国，出征奥运无疑给人们的心底增添了一抹亮色。当李长春乘坐的邮轮途经日本时，有日本记者竟问李长春愿不愿意代表伪满洲国参加奥运会，李长春严词拒绝。经过了25天的长途跋涉，李长春终于来到了洛杉矶的奥运会会场。当第一位中国人的身影在这样一个年份出现在奥运会上时，不少外国人由衷地竖起了拇指。但是长途的劳顿，让李长春筋疲力尽，他的体能迅速下降，尽管已经具备了世界级的水平，在100米比赛和400米比赛中都无法发挥出应有的水平。尽管没有进入决赛，但是李长春还是对24年前天津学生的第一问给出了响亮的回答。

此后，中国又陆续有运动员参加奥运会，但是获得奥运金牌的梦想却迟迟不能实现。奥运不仅彰显着运动员的魅力，也彰显着一个国家的魅力。伴随着改革开放后经济腾飞的脚步，中国的体育事业也有了长足进展。邓小平也积极关注奥运，并鼓励运动员们"提高水平，为国争光"。1984年第二十三届奥运会召开，地点仍旧是52年前中国运动员第一次站上奥运会赛场的美国洛杉矶。

1984年7月29日，男子手枪60发慢射比赛举行，这是本次奥运会的第一个比赛项目，中国运动员许海峰沉着冷静地击发，以566环成绩获得了金牌，他成为本届奥运会首枚金牌得主同时也是中国奥运会历史上的首位冠军得主，打破了中国奥运史上金牌"零"的纪录。天津学生的第二问在时隔76年之后得到了响亮的回答。

1990年，中国成功地举办了亚运会，中国人萌发了举办奥运会的想法。1992年，中国北京向国际奥委会第一次提出了申办2000年第27届奥运会的申请，开始了北京的第一次奥运会申办尝试。虽然1993年9月23日在国际奥委会全会蒙特卡罗的表决中，北京以微弱的两票劣势输给了悉尼，但这并没有影响我们参与奥林匹克事务的决心。1998年11月，国务院总理办公会议和中央政治局常委会先后对申办工作进行了研究，决定由北京再次申办2008年奥运会。

2000年2月1日,北京奥申委主席刘淇提出中国北京申办奥运会的六大理由。第一,作为世界上人口最多的国家,中国对发展奥林匹克运动、促进世界和平应当作出贡献。第二,办奥运会是北京市人民和全国人民的强烈心愿,并得到了我国政府的有力支持。第三,改革开放20多年来,我国在社会、经济、文化等各个领域都取得了世人瞩目的成就。第四,举办奥运会可以加快环境建设,促进经济发展,是北京迈向新千年的有利机遇。第五,举办奥运会将推动我国体育事业的发展,将更广泛地提高奥林匹克运动的普遍性。第六,申办奥运会,有利于北京作为现代化国际大都市的发展,借申办的契机,把自己悠远深厚的文化底蕴,兼容并蓄的宽广胸怀,谦和礼貌的公德素养,奋发有为的进取精神展现给全世界。

2001年7月12日晚,国际奥委会第112次全会在莫斯科著名的大剧院隆重开幕。出席开幕式的俄罗斯总统普京发表了热情洋溢的讲话,并宣布国际奥委会第112次全会开幕。2001年7月13日,莫斯科,北京时间22时10分,国际奥委会第112次全体会议投票表决,北京获得2008年第二十九届奥运会主办权,中国人的"申奥梦"终于实现了。天津学生的"奥运三问",至此获得了一个完整的答案。

根据"为人的和谐发展,以促进建立一个维护人的尊严的和平社会"的奥林匹克宗旨,北京提出了"绿色奥运、科技奥运、人文奥运"的举办理念。这表明2008年的北京奥运会是一次绿色奥运的盛会,北京把环境保护作为奥运设施规划和建设的首要条件;北京奥运会还是一次科技奥运的盛会,北京集全国科技创新成果,推出了一届高科技含量的体育盛会;北京奥运会更是一次人文奥运的盛会,它普及奥林匹克精神,弘扬中华民族优秀文化,加深各国人民之间的了解、信任与友谊,坚持"以人为本",以运动员为中心,构建体现人文关怀的环境,为八方来客提供全方位的优质服务。

奥运圣火传递从 2008 年 3 月 24 日开始了它的又一次行程，从希腊爱琴海滨，从赫拉神庙的遗址前，从西方文明的源头，进行一次奥运历史上路途最长、范围最广、参与人数最多的旅程。这次圣火传递最不寻常之处在于，它的目的地是位于亚欧大陆另一端的东方文明古国。2008 年 3 月 24 日，在希腊奥林匹亚举行北京奥运会圣火采集仪式，随后进行为期六天的希腊境内传递。4 月 1 日开始至 5 月 3 日，举行北京奥运会火炬接力境外的传递。火炬共途经五大洲 19 个国家的 19 个城市和中国的香港、澳门，传递总行程 9.7 万公里，火炬手 2000 多名；另外还举行了 42 个相关的仪式活动，总天数是 33 天。5 月 3 日奥运圣火结束境外传递后，抵达境内海南省三亚市。5 月 4 日开始，奥组委的火炬接力运行团队通过航空、铁路、公路等多种交通方式，把圣火带到中国大陆的 31 个省、自治区、直辖市，一共途经 113 个城市和地区。8 月 6 日圣火回到北京，经过三天的传递，8 月 8 日晚，奥运圣火到达中国国家体育场，在奥运会开幕式上点燃主火炬塔，拉开了北京奥运会的大幕。

在"同一个世界，同一个梦想"的主题之下，来自全球 204 个国家和地区的 11000 多名运动员参加了北京奥运会，随后又有来自 147 个国家和地区的 4000 多名运动员参加了北京残奥会。北京奥运会无论是祥云火炬、金镶玉奖牌的设计，还是吉祥物福娃以及规模宏大、气势磅礴的开幕式，都淋漓尽致地展现了中国的文化特色和独特魅力。200 多个国家和地区对北京奥运会进行了 5000 小时的报道和转播，转播规模是雅典奥运会的三倍，全球共有 47 亿人收看、收听了北京奥运会的转播。

北京奥运会的竞赛成绩最突出，共打破世界纪录 38 项、奥运会纪录 85 项，有 87 个国家和地区的运动员获得了奖牌，创造了奥运史上的新纪录。

北京奥运会开幕式

北京残奥会同样在竞赛成绩上创造了好的纪录，刷新了279项残疾人世界纪录和339项残奥会纪录。北京奥运会、残奥会期间，共有170万名志愿者参与服务，是奥运史上志愿者最多的一届。志愿者的微笑不仅是北京，也是中国最好的名片。这些奥运历史之最，是"有特色、高水平"目标的生动诠释，也是国际奥委会主席罗格评价北京奥运会"真正无与伦比"，国际残奥委主席克雷文评价北京残奥会为"最伟大的一届残奥会"的依据。

在北京奥运会之后，2010年上海世博会的举办又再次在世界的面前展现了中国的形象。1999年12月，在国际展览局第126次全体大会上，中国政府正式宣布申办2010年世博会。2002年11月29日至12月5日，时任中共中央政治局常委、国务院副总理的李岚清率中国代表团参加国际展览局第132次全体大会并作申办陈述。2002年12月3日，国际展览局第132届大会以54票对34票的压倒性多数，决定将2010年的世博会举办权交给上海。

世博会有两种，一种是注册的世博会，这种世博会规模大，历时半年，五年才举办一次;第二种是认可的世博会,这种世博会规模小,历时约三个月,两三年举办一次。上海世博会属于前者。

世博会自1851年在伦敦举行的万国工业博览会以来,已经举办70余次,经久不衰。在世博会150多年的历史上,中国取得注册的世博会举办权还是第一次,因此,2010年世博会提供的机遇是历史性的。对于如何抓住机遇,用好机遇,上海乃至中国都进行了认真思考。

2010年上海世界博览会,是第四十一届世界博览会,于2010年5月1日至10月31日期间举行,上海世博会以"城市,让生活更美好"为主题,总投资达450亿人民币,创造了世界博览会史上最大规模纪录,同时超越7000万的参观人数也创下了历届世博会之最。

上海世博会是一个很好地认识自己和别人的良机。每次世博会都会展示时代最新的科技、文化、文明成果。上海世博会的中国展馆建筑外观以"东方之冠,鼎盛中华,天下粮仓,富庶百姓"的构思为主题,采用极富中国

上海世博会中国馆

建筑文化元素的红色"斗冠"造型，表达中国文化的精神与气质。展馆的展示则以"寻觅"为主线，带领参观者行走在"东方足迹"、"寻觅之旅"、"低碳行动"三个展区。

在"东方足迹"展区，通过几个风格迥异的展项，重点展示中国城市发展理念中的智慧。其中的多媒体综合展项播放的一部影片，讲述改革开放三十多年来中国自强不息的城市化经验、中国人的建设热情和对于未来的期望。在"寻觅之旅"展区，采用轨道游览车，以古今对话的方式让参观者在最短的时间内领略中国城市营建规划的智慧，完成一次充满动感、惊喜和发现的参观体验。在"低碳行动"展区，聚集以低碳为核心元素的中国未来城市发展，展示中国人如何通过"师法自然的现代追求"来应对未来的城市化挑战，为实现全球可持续发展提供"中国式的回答"。

上海世博会在展现中国各地区、各类型、各种风貌的城市魅力与科技进步的同时，也是继北京奥运会之后，推进中国公共外交事业的又一次历史机遇，让世界人民认识到一个强大的中国、一个温和的中国、一个美丽的中国和一个儒雅的中国。

中国举措：积极参与世界协作

进入20世纪90年代，中国融入世界的步伐也开始加快，中国政府的身影越来越多地出现在国际舞台上，出现在全球的合作中，而这更给了这个古老国家重新崛起的直观印象。

亚太经合组织诞生于全球冷战结束的年代。20世纪80年代末，随着冷战的结束，国际形势日趋缓和，经济全球化、贸易投资自由化和区域集团化的趋势成为全球潮流。同时，亚洲地区在世界经济中的比重也明显上升，亚洲的许多国家和地区的经济都出现了长足增长。既有日本这样的发达国家，又有亚洲四小龙（韩国、中国台湾、新加坡、中国香港）、亚洲四小虎（泰国、马来西亚、印度尼西亚和菲律宾）这样的新兴国家和地区，更有改革开放后经济增长强劲的中国。在此背景下，1989年1月，澳大利亚总理霍克提出召开亚太地区部长级会议，讨论加强相互间的经济合作。1989年11月，澳大利亚、美国、加拿大、日本、韩国、新西兰和东盟六国在澳大利亚首都堪培拉举行了亚太经合组织第一届部长级会议，标志着亚太经合组织的正式成立。

1991年11月，中国正式加入亚太经合组织。加入该组织后，中国发挥着至关重要的作用。中国一直高度重视参与亚太经合组织的合作，国家领导人每年都出席亚太经合组织领导人会议。在亚太经合组织中，中国倡导的"相互尊重、协商一致"等五项合作原则已经成为亚太经合组织合作的基本原则。特别是2001年10月,在中国上海召开了第九次亚太经合组织领导人非正式会议,会议签署了包括《上海共识》在内的重要文件、取得了一系列重要成果,也使中国与亚太经合组织的关系迈上了一个新台阶。在2007年的悉尼会议上,中国国家主席胡锦涛针对全球气候变暖、环境变化等问题提出各国应联手应对全球气候变化,并在会上承诺,中国将为减缓温室气体排放做出积极贡献,提出了将中国单位国内生产总值能源消耗到2010年比2005年末降低20%左右、主要污染物排放总量减少10%、森林覆盖率由18.2%提高到20%等目标。

中国在亚太经合组织中的积极参与和积极对自身的经济、环境等方面改进使中国得到越来越多组织内其他成员的认可,同时也将一个负责任的发展中大国的形象展现在世人眼前。

互信、互利、平等、协商、尊重多样文明,谋求共同发展。这是上海合作组织确立的"上海精神"。在国际社会上,加强与邻近国家的友好合作是确保一个国家能够稳定发展的重要元素之一,而上海合作组织就是本着这种原则创建的。上海合作组织的前身是"上海五国"机制。1996年的初春,在上海展览中心,中国、俄罗斯、哈萨克斯坦、吉尔吉斯斯坦、塔吉克斯坦五国正式签署了关于在边境地区加强军事领域互信的协定,于是这世界上的种种机制中又多了一种——"上海五国"机制。"上海五国"机制原本是为了解决各国之间的边境问题,但是随着合作的逐步深入,已经远远突破了最初的框架,合作范围扩大到经贸、打击恐怖主义等多方面。

2001年6月14日,"上海五国"元首在上海举行第六次会晤,乌兹别克斯坦以完全平等的身份加入"上海五国"。15日,六国元首举行了首次会晤,并签署了《上海合作组织成立宣言》,宣告上海合作组织正式成立。

随着上海合作组织在地区事务和全球事务中的影响力越来越大,从2004年开始,上海合作组织启动了观察员机制。同年6月在塔什干举行的上海合作组织第四次峰会上,蒙古国获得观察员地位。2005年7月,在阿斯塔纳举行的上海合作组织第五次峰会上决定给予巴基斯坦、伊朗、印度观察员地位。

上海合作组织是第一个在中国境内宣布成立、第一个以中国城市命名的国际组织。在该组织内的合作,一方面为中国与近邻加强互惠互利提供了条件,另一方面也使中国的国际地位得到进一步提升,为中国融入世界和影响世界提供了平台。

博鳌亚洲论坛是一个非官方、非赢利、定期、定址的开放性国际组织,其宗旨为:立足亚洲,深化亚洲各国间的交流、协调与沟通;为政府、企业及专家学者提供一个共商经济和社会等诸多方面问题的高层对话平台;通过论坛与政界、商界及学术界建立的工作网络为会员与会员之间、会员与非会员之间日益扩大的经济合作提供服务。

博鳌亚洲论坛最初是由菲律宾、澳大利亚、日本等亚太国家政要共同发起倡议的。基于中国的国际地位、巨大的市场潜力和海南省独特的自然生态环境,倡议者建议将这一论坛总部设在中国海南琼海市博鳌镇。博鳌亚洲论坛的成立大会于2001年2月26至27日在中国海南博鳌举行。博鳌亚洲论坛的诞生,反映了在经济全球化的背景下亚洲各国希望对话,寻求合作,实现共同发展的时代要求。它是第一个总部设在中国的国际会议组织。论坛的成立获得了亚洲各国的普遍支持,并赢得了全世界的广泛关注。从2002年开始,论坛每年定期在中国海南博鳌召开年会,一方面亚洲乃至世界的专家、学者、政府官员参加该论坛,使许多经济议题得到商讨,另一方面论坛的召开也让世界更加了解海南,更加了解中国,为海南乃至为中国树立自己的良好形象提供了机遇。

1997年，经受了亚洲金融危机冲击后的东南亚各国，意识到了加强与亚洲地区经济实力强大的中国、日本和韩国合作的必要性，于是东盟10+3框架出现。东盟"10+3"合作是指同处于东亚地区的东盟10国与中国、日本和韩国3国之间的区域经济合作，由三个"10+1"组成。到目前为止已经建立了包括非正式首脑会晤；外交、经济、财政部长级会议；财政、央行副部长级会议、高官会议等政府机制以及进行第二轨道合作等多层次的合作机制。东亚合作的领域在该框架内也进一步拓宽，涵盖了经贸投资、货币金融、科技发展、人力资源开发、政治安全和跨国问题等方面。在中国与东盟的10+1框架下，东盟与中国的贸易额从1991年79亿美元提高到2001年416亿美元。东盟与中国的关系显得越来越重要。

2002年11月4日，中国又与东盟签订了《中国－东盟全面经济合作框架协议》。根据这一协议，中国和东盟将致力于中国—东盟自由贸易区的建设，按照《框架协议》规定的自由贸易区建设的时间框架，到2010年中国将与东盟老成员国即文莱、印度尼西亚、马来西亚、菲律宾、新加坡和泰国建成自由贸易区，到2015年与东盟新成员即越南、老挝、柬埔寨和缅甸建成自由贸易区。届时，中国与东盟的绝大多数产品将实行零关税，取消非关税措施，实现贸易自由化，并将形成一个拥有17亿消费者、近2万亿美元国内生产总值、1.2万亿美元贸易总量的自由贸易区。这将是继欧盟和北美自由贸易区之后的世界第三大自由贸易区，同时也是发展中国家组成的最大的自由贸易区。目前，中国－东盟自由贸易区已于2010年正式开启，中国与东盟的贸易发展有了进一步的提升。

中国与非洲的合作，自新中国建立伊始就已开始。在中国第一代领导人执政时，周恩来总理为了加强同非洲国家的合作就曾亲自前往非洲访问。

为进一步加强中国与非洲的友好合作，共同应对挑战，促进共同发展，根据部分非洲国家的建议，中国政府于 1999 年 10 月提出召开"中非合作论坛 – 北京 2000 年部长级会议"的倡议。这一倡议得到非洲国家的热烈响应和广泛支持。中非合作论坛的成立，又将把中国与非洲国家之间的关系推向一个新的台阶。

在中非双方的共同努力下，中非合作论坛第一届部长级会议于 2000 年 10 月在北京举行，来自 40 多个非洲国家的近 80 名部长和有关国际和地区组织的代表与会。会议以平等磋商、扩大共识、增进了解、加强友谊、促进合作为宗旨，就推动建立公正合理的国际政治经济新秩序，进一步加强和扩大中非在各个领域的实质性合作两大议题进行了规模空前、富有成效的对话。会议通过了《中非合作论坛北京宣言》和《中非经济和社会发展合作纲领》。

根据 2002 年生效的论坛后续机制程序，论坛部长级会议每三年举行一届；高官级后续会议及为部长级会议做准备的高官预备会分别在部长级会议前一年及前数日各举行一次；非洲驻华使节与中方后续行动委员会秘书处每年至少举行两次会议。部长级会议及高官会轮流在中国和非洲国家举行。此外，2007 年 9 月，中非合作论坛框架下的中非外长级定期政治对话机制正式启动。

自成立以来，中非合作论坛已成为中非双方集体对话和务实合作的有效平台，中非多边、双边合作机制得到进一步加强，中非合作得以在更大范围、更广领域和更高的层次上全面深入发展。

中国责任:维和与对外援助

中国在不断提升自己的经济实力,彰显中国声音与中国形象的同时,也在不断地履行自己作为一个不断成长的大国的责任。在维和行动和对外援助上,中国的积极作为恰好是中国履行大国责任的很好证明。

联合国维持和平行动,是在联合国安理会授权下帮助冲突各方维持和平、恢复和平并最终实现和平的一项重要的国际行动。根据中国政府确立的原则,中国参加联合国维和行动,主要是向联合国提供军事观察员、民事警察和工程、医疗、运输等后勤保障分队。

1988年9月,中国正式申请加入联合国维持和平行动特别委员会。发展中国家认为"中国仁义之师参加维和是对和平安全的重大贡献",发达国家则认为,"中国从此全面融入国际社会",西方国家当"热烈欢迎"。

1990年,中国人民解放军向联合国中东维和任务区派遣了5名军事观察员,首次参加联合国维和行动。1992年,中国向联合国柬埔寨维和任务区派出400人的工程兵大队,首次派遣成建制部队。2000年1月12日,中国政府应联合国请求,向联合国东帝汶过渡行政当局派遣了15名民事警察,这是中国首次派遣民事警察执行联合国维和任务,揭开了中国警察参加联合国维和行动的序幕。2001年1月,中国首次参加联合国在欧洲地区的维和行动,向联合国波黑任务区派遣了首批5名维和警察。2003年11月,中国首次参加联合国在非洲地区的维和行动,向联合国利比里亚任务区派遣了首批5名维和警察。2004年1月,中国向联合国阿富汗任务区派遣一名高级警务顾问,这是中国警察首次参与阿富汗维和行动。2004年4月,中国向联合国科索沃任务区派遣首批12名维和警察。2004年5月,中国向联合国海地任务区派遣1名维和警察,这是中国首次向美洲地区派遣维和警察。2004年10月,由125名队员组成的中国首支赴海地维和警察防暴队到达海地,这是中国首次派遣成建制的维和警察防暴队参加维和行动,掀开了中国参与联合国维和行动的新篇章。

中国维和部队

2010年是中国警察参加联合国民事维和行动10周年。2010年1月13日,在海地发生的里氏7.3级强烈地震中,正在海地执行维和任务的朱晓平等8位中国维和警察殉职。中国维和警察群体引起了亿万国人和国际社会的普遍关注。

中国维和部队发扬特别能吃苦、特别能战斗、特别能奉献的优良作风，以高度负责的职业精神投入工作，新建、修复道路 8700 多公里、桥梁 270 座，排除地雷和各类未爆物 8900 多枚，运送物资 60 多万吨，运输总里程 930 多万公里，接诊病人 7.9 万人次，圆满完成了联合国赋予的各类维和任务。截至 2010 年 12 月，中国人民解放军有 1955 名官兵在 9 个联合国任务区遂行维和任务，中国是联合国安理会常任理事国派遣维和人员最多的国家。其中，军事观察员和参谋军官 94 人；赴联合国刚果（金）稳定特派团工兵分队 175 人，医疗分队 43 人；赴联合国利比里亚特派团工兵分队 275 人，运输分队 240 人，医疗分队 43 人；赴联合国黎巴嫩临时部队工兵分队 275 人，医疗分队 60 人；赴联合国苏丹特派团工兵分队 275 人，运输分队 100 人，医疗分队 60 人；赴联合国/非盟达尔富尔混合行动工兵分队 315 人。

中国参与维和行动中主要有四点特色：一是参与维和的地域不断扩大，从亚洲到非洲，从中亚到欧洲直至拉丁美洲，都可见到中国维和人员的身影。二是参与维和的人员越来越多，形式越来越多。三是中国军队的高素质、牺牲精神受到举世赞扬。中国维和人员不怕苦、不怕累、不怕牺牲的精神国际社会有目共睹。四是中国的维和人员选拔严谨，负责部门专职化。维和警察的选拔主要分为四个阶段：初选（入围）考试、入围培训、联合国甄选、出国前教育。初选考试的内容包括：英语阅读、听力、写作和口语考试；驾驶考试；射击考试；体能测试。通过初选考试的人员参加维和培训，培训结束后学员要先通过公安部组织的毕业考试，然后参加联合国的甄选考试。联合国的甄选考试包括语言、驾驶、手枪拆装和射击等项内容。通过全部考核的警察取得联合国颁发的维和民事警察资格证书。此后，获得维和民事警察资格证书的胜出者将到设在中国人民武装警察部队学院的中国维和民事警察培训中心接受出国教育、分发装备、驾驶训练、射击训练、防疫注射等,并在出国前再次接受联合国官员的电话面试。

为进一步促进中国参与维和行动,2001年中国专门成立了国防部维和事务办公室,2009年又组建了国防部维和中心。

对外援助也是中国积极承担大国责任的重要表现。2011年4月中华人民共和国国务院新闻办公室发布的《中国对外援助》白皮书详解了中国对外援助的发展历程及政策原则。

20世纪50年代,新中国成立后不久,中国在自身财力十分紧张、物资相当匮乏的情况下,开始对外提供经济技术援助,并逐步扩大援助范围。20世纪70年代末中国实行改革开放以来,经济快速发展,综合国力显著提升,但依然是一个人均水平不高的发展中国家。尽管如此,中国仍量力而行,尽力开展对外援助,帮助受援国增强自主发展能力,丰富和改善人民生活,促进经济发展和社会进步。中国的对外援助,发展巩固了与广大发展中国家的友好关系和经贸合作,推动了南南合作,为人类社会共同发展作出了积极贡献。

中国对外援助从帮助周边友好国家开始起步。1950年,中国开始向朝鲜和越南两国提供物资援助,从此开启了中国对外援助的序幕。1955年万隆亚非会议后,随着对外关系的发展,中国对外援助范围从社会主义国家扩展到其他发展中国家。1956年,中国开始向非洲国家提供援助。1964年,中国政府宣布以平等互利、不附带条件为核心的对外经济技术援助八项原则,确立了中国开展对外援助的基本方针。1971年10月,在广大发展中国家的支持下,中国恢复了在联合国的合法席位,中国同更多的发展中国家建立了经济和技术合作关系,并援建了坦赞铁路等一批重大基础设施项目。这段时期,中国克服自身困难,为支持其他发展中国家争取民族独立和发展民族经济提供了最大限度的支持,奠定了新中国与广大发展中国家长期友好合作的坚实基础。

1978年中国实行改革开放后，同其他发展中国家的经济合作由过去单纯提供援助发展为多种形式的互利合作。中国根据国情适度调整了对外援助的规模、布局、结构和领域，进一步加强对最不发达国家的援助，更加注重提高对外援助项目的经济效益和长远效果，援助方式也更为灵活。为进一步巩固已建成生产性援助项目成果，中国同部分受援国开展了代管经营、租赁经营和合资经营等多种形式的技术和管理合作。一些已建成援外生产性项目通过采取上述合作模式，在改善企业经营管理和提高生产水平等方面，取得了比传统技术合作更为显著的成效。经过调整巩固，中国对外援助走上了更加适合中国国情和受援国实际需求的发展道路。

20世纪90年代，中国在加快从计划经济体制向社会主义市场经济体制转变的过程中，开始对对外援助进行一系列改革，重点是推动援助资金来源和方式的多样化。1993年，中国政府利用发展中国家已偿还的部分无息贷款资金设立援外合资合作项目基金。该基金主要用于支持中国中小企业与受援国企业在生产和经营领域开展合资合作。1995年，中国开始通过中国进出口银行向发展中国家提供具有政府援助性质的中长期低息优惠贷款，有效扩大了援外资金来源。与此同时，中国更加重视支持受援国能力建设，不断扩大援外技术培训规模，受援国官员来华培训逐渐成为援外人力资源开发合作的重要内容。2000年，中非合作论坛成立，成为新形势下中国与非洲友好国家开展集体对话的重要平台和务实合作的有效机制。通过这一阶段的改革，中国对外援助的发展道路进一步拓宽，效果更加显著。

进入21世纪特别是2004年以来，在经济持续快速增长、综合国力不断增强的基础上，中国对外援助资金保持快速增长，2004年至2009年平均年增长率为29.4%。中国除通过传统双边渠道商定援助项目外，还在国际和地区层面加强与受援国的集体磋商。中国政府在联合国发展筹资高级别会议、联合国千年发展目标高级别会议,以及中非合作论坛、上海合作组织、中国-东盟领导人会议、中国-加勒比经贸合作论坛、中国-太平洋岛国经济发展合作论坛、中国-葡语国家经贸合作论坛等区域合作机制会议上,多次宣布一揽子有针对性的对外援助政策措施,加强在农业、基础设施、教育、医疗卫生、人力资源开发合作、清洁能源等领域的援助力度。2010年8月,中国政府召开全国援外工作会议,全面总结援外工作经验,明确了新形势下进一步加强和改进对外援助工作的重点任务,中国的对外援助进入新的发展阶段。

中国的对外援助政策具有鲜明的时代特征,符合自身国情和受援国发展需要。中国对外援助坚持平等互利,注重实效,与时俱进,不附带任何政治条件,形成了具有自身特色的模式。20世纪60年代中国提出的对外援助八项原则,从一开始就是中国对外援助遵循的基本方针,并在实践中不断丰富、完善和发展。中国是世界上最大的发展中国家,人口多、底子薄、经济发展不平衡。发展仍然是中国长期面临的艰巨任务,这决定了中国的对外援助属于南南合作范畴,是发展中国家间的相互帮助。

中国对外援助政策的基本内容是:坚持帮助受援国提高自主发展能力。实践证明,一国的发展主要依靠自身的力量。中国在提供对外援助时,尽力为受援国培养本土人才和技术力量,帮助受援国建设基础设施,开发利用本国资源,打好发展基础,逐步走上自力更生、独立发展的道路。

坚持不附带任何政治条件。中国坚持和平共处五项原则,尊重各受援国自主选择发展道路和模式的权利,相信各国能够探索出适合本国国情的发展道路,绝不把提供援助作为干涉他国内政、谋求政治特权的手段。

坚持平等互利、共同发展。中国坚持把对外援助视为发展中国家之间的相互帮助，注意实际效果，照顾对方利益，通过开展与其他发展中国家的经济技术合作，着力促进双边友好关系和互利共赢。

坚持量力而行、尽力而为。在援助规模和方式上，中国从自身国情出发，依据国力提供力所能及的援助。注重充分发挥比较优势，最大限度地结合受援国的实际需要。

坚持与时俱进、改革创新。中国对外援助顺应国内外形势发展变化，注重总结经验，创新对外援助方式，及时调整改革管理机制，不断提高对外援助工作水平。

中国援建贝宁会议大厦

除了对外援助，中国政府积极参与国际灾难援助，也彰显了中国的大国责任意识。近年来，中国武装力量积极协助中国政府有关部门向受灾国提供救援物资，派出专业力量参加国际灾难救援行动。自2002年向阿富汗提供救援物资以来，到 2010 年底，中国人民解放军已 28 次执行国际紧急人道主义援助任务，共向 22 个受灾国提供总价值超过 9.5 亿元人民币的帐篷、毛毯、药品、医疗器械、食品、发电机等救援物资。2001 年，由北京军区工兵团官兵、武警总医院医护人员和中国地震局专家组成的中国国际救援队，开始参与国际灾难紧急救援行动，到 2010 年底已 8 次赴受灾国执行救援任务。2010 年 1 月，中国国际救援队和人民解放军医疗防疫救护队赴海地参与地震救援，执行人员搜救、紧急救护、卫生防疫等任务。2010 年 9 月，中国国际救援队和人民解放军医疗救援队、直升机救援队赴巴基斯坦执行人道主义救援任务。

中国还积极参与国际救灾交流合作，密切与有关国家和相关国际组织的沟通协调，推动地区救灾机制建设和人员培训。与美国、澳大利亚、新西兰等国举行了人道主义救援与减灾研讨作业，举办了东盟地区论坛武装部队参与国际救灾法律规程建设研讨会，举行了东盟与中日韩武装部队国际救灾研讨会等，这些举措有助于中国在进一步的国际救灾中发挥更好的作用，更好地彰显自己负责任大国的国际形象。

因时而动：新中国的外交历程

新中国诞生之初正逢冷战伊始，中国走的又是社会主义道路，因此新中国政府最初选择的是"一边倒"战略，在与苏联等社会主义国家搞好外交关系的同时，与其他亚、非、拉国家和欧美国家建立友好关系。中国在外交实践中，创造性地提出了和平共处五项原则与求同存异的外交方针，对于在冷战期间，各国搁置意识形态争执，发展和平友好的外交关系产生了巨大的理论意义与现实意义。随着中苏关系的恶化，中国在坚持和平共处、求同存异的基础上，又提出了"两条线"战略，而后随着中美、中苏关系的缓和等国际战略局势的演变，中国又适时调整外交政策，进一步打开了外交局面，与亚洲、欧洲、美洲、非洲等各个大陆的众多国家建立了友好的外交关系。在中国的外交历程中，中美之间的关系变得日益重要，尽管中美之间在某些问题上时有摩擦，但合作共赢一直是中美关系发展的主线。

"一边倒"与亲苏战略

1949年10月1日，中华人民共和国成立。新中国成立后，毛泽东等领导人对于新中国所处的国际形势和国内环境有着明确、清醒的认识：从外部环境看，美苏在欧洲进行着激烈的对抗与较量，整个世界基本上划分为东西方两个阵营；从中美关系看，美国不甘心在中国的失败，拒绝承认新中国；从内部来看，蒋介石集团盘踞台湾，公然叫嚣"反攻大陆"，大陆一些反动势力残余也蠢蠢欲动，阴谋颠覆新生的中国政权。

1949年春天，毛泽东陆续提出了新中国外交政策的三条方针，即"另起炉灶"，"打扫干净屋子再请客"，"一边倒"。"另起炉灶"方针的涵义是：不承认国民党政府同各国建立的旧的外交关系，而要在平等、互利、互相尊重主权和领土完整的基础上同各国另行建立新的外交关系。

1949年1月末2月初，毛泽东在同苏共中央政治局委员米高扬会谈时，指出先肃清帝国主义在华的特权、势力和影响，再在互相尊重领土主权和平等互利的基础上同各国建立新的外交关系，即所谓的"打扫干净屋子再请客"。

1949年6月，毛泽东在《论人民民主专政》一文中，提出新中国成立后实行"一边倒"的外交方针，毛泽东指出："一边倒，是孙中山的四十年经验和共产党的二十八年经验教给我们的，深知欲达到胜利和巩固胜利，必须一边倒。积四十年和二十八年的经验,中国人不是倒向帝国主义一边,就是倒向社会主义一边,绝无例外。骑墙是不行的,第三条道路是没有的。我们反对倒向帝国主义一边的蒋介石反动派,我们也反对第三条道路的幻想。"

新中国三项对外基本方针的提出,不是偶然的,而是中国共产党人经过深思熟虑做出的必要决策和慎重选择,是以一定历史、理论为基础,以现实利益为依据做出的抉择。两极格局确立后,世界分裂为以美苏为首的资本主义和社会主义两大阵营。中国作为新生的社会主义国家,必然倒向以苏联为首的社会主义阵营,中立或"骑墙"则不行。

从苏联方面看,南斯拉夫事件之后,斯大林担心中共走南斯拉夫的道路。新中国只有做出公开的承诺,才能消除斯大林对中共所怀有的疑虑,才能得到苏联对新中国的支持。此外,中苏两国在具体问题上虽然有矛盾,但是苏联对中国革命基本上采取了支持的态度。中苏两国有着几千公里的共同边境,中苏关系的好坏直接关系到中国的安全。从美国方面看,杜鲁门政府虽然对新中国采取了观望的态度,但是美国国内反共势力很强,从意识形态和国内政治的角度考虑,美国政府都根本无意与中共建立正常、友好的外交关系。在这种情况下,新中国只能采取"一边倒"的外交方针。实践证明,"一边倒"战略虽然并不完美,有很大的局限性,但在当时它确实是一个符合实际的战略选择。

1949年9月,中国人民政治协商会议第一次会议通过的《中国人民政治协商会议共同纲领》把毛泽东等中央领导人提出的三项对外基本方针和有关对外政策都以法律的形式确定下来,成为新中国外交工作的基本方针和政策。它规定了新中国外交的基本原则,指出"中华人民共和国外交政策的原则,为保障本国独立、自由和领土主权的完整,拥护国际的持久和平和各国人民间的友好合作,反对帝国主义的侵略政策和战争政策。"新中国确立独立自主为外交政策的根本原则,在独立自主原则的指导下,既要坚持爱国主义,又要反对狭隘的民族主义。

在新中国成立后,与"一边倒"战略相适应,中国政府积极发展了同苏联等社会主义国家的友好外交。新中国诞生的第二天,就得到了苏联的承认。其后,保加利亚、罗马尼亚、匈牙利、朝鲜、捷克斯洛伐克、波兰、蒙古、阿尔巴尼亚和越南民主共和国相继与新中国建交,并互派大使。新中国成立后与社会主义国家迅速建交,并发展相互的友好合作关系,这对于促进新中国和社会主义国家的共同发展都具有重要的意义。

新中国诞生前后的第一次重大外交活动是毛泽东访苏。1949年2月,以毛泽东为首的中国代表团抵达莫斯科,对苏联进行了为期两个月零一天的访问。访苏期间,毛泽东与斯大林就中苏之间重大的政治和经济问题进行了会谈,逐步打消了斯大林担心与中国结盟会引起美英等国家的不满,从而危及苏联既得利益的疑虑。

1950年2月14日,中苏两国签署了《中苏友好同盟互助条约》,确定了中苏双方在政治、经济、军事和文化方面的全面合作,确立了中苏之间的同盟关系。条约的主要内容为:(1)在军事方面,缔约国双方保证共同尽力采取一切必要的措施,以期制止日本或其他直接间接在侵略行为上与日本相勾结的任何国家之重新侵略与破坏和平,一旦缔约国任何一方受到日本或与日本结盟的国家之侵略,因而处于战争状态时,缔约国另一方即尽其全力给予军事及其他援助;缔约国双方均不缔结反对对方的任何同盟关系,并不参加反对对方的任何集团及任何行动或措施。(2)在政治方面,双方根据巩固和平和普遍安全的需要,对有关中苏两国共同利益的一切重大国际问题,均将进行彼此协商。(3)缔约国双方保证以友好合作的精神,并遵照平等、互利、互相尊重国家主权与领土完整及不干涉对方内政的原则,发展和巩固中苏两国之间的经济和文化联系。彼此给予一切可能的经济援助，并进行必要的经济合作。与此同时，中苏两国还签订了《关于中国长春铁路、旅顺口及大连的协定》《关于苏联贷款给中华人民共和国的协定》，另外还签署了苏联帮助中国建设和改造50个企业的协定。

新中国成立后，对于发展同其他社会主义国家的外交关系也十分重视。在亚洲的社会主义国家中，朝鲜与中国的关系可谓源远流长。中国人民浴血奋战，援助朝鲜民主主义共和国人民抗击美国侵略者。1953年金日成首相访问中国，两国签订了经济文化合作协定。中国对朝鲜提供了经济上的无私援助，帮助其恢复国民经济。中国还向朝鲜派遣技术人员，提供技术设备，接受朝鲜人员来华学习、实践。

1950年1月，中国与越南民主共和国建立了外交关系。对于越南人民的反抗法国殖民统治的斗争，中国予以大力支援。在日内瓦会议上，中、越、苏三国代表团共同努力，粉碎了美国的阴谋，签订了关于在印度支那停止敌对行动的协定，使越南北部获得解放。1955年6月，越南胡志明主席访华，中国政府无偿援助越南人民币8亿元，大米1万吨，棉布500万尺，帮助越南恢复和发展经济。中越两国在经济、贸易、技术和文化上进行了广泛的交流与合作。

1952年10月，蒙古人民共和国总理访问中国，两国签订了经济文化合作协定。1954年，周恩来总理访问蒙古，两国的友好关系得到了增进。1955年两国签订了中国人员参加蒙古生产建设的协定。1956年两国又签订了中国对于蒙古经济技术援助的协定，内容涉及工业、农业、文化、交通等项目。

20世纪50年代中国与东欧社会主义国家的外交关系也获得了良好发展。中国与东欧国家互相支持，加强社会主义国家间的团结合作，共同反对帝国主义的侵略和战争政策，在一系列重大的国际问题上为维护国际和平而努力。中国与东欧国家先后缔结了友好合作条约，贸易、技术和文化协定，对一些国家进行了相应援助。东欧国家在中国的抗美援朝，争取联合国合法席位等重大问题上对中国进行了支持。中国与东欧国家领导人进行了广泛的互访。

新中国在清除帝国主义在华特权的同时，也开始制定同西方资本主义国家建交的原则。周恩来总理以毛泽东主席提出的新中国外交方针和《共同纲领》规定的外交政策原则为指导，制定了中国同外国建交的三原则：（1）凡愿与我建交的国家必须同台湾当局断绝外交关系；（2）对我国采取友好态度，支持新中国恢复在联合国的合法席位；（3）通过谈判，证实其尊重我国主权的诚意。

中国政府以三原则为指导，采取区别对待的政策，与资本主义国家建立了外交关系。欧洲国家中，西欧和北欧一些国家，由于本国对外贸易发展的需要，对与中国建立正式外交关系态度比较积极。其中，芬兰与国民党不存在外交关系，不经谈判，于1950年10月与中国建交，丹麦、瑞典、瑞士、挪威在与台湾国民党当局断交后，在谨慎谈判后分别于1950年5月、9月、10月与新中国正式建交。

西欧的一些老牌资本主义国家，如英国、荷兰，从本国利益出发试图与新中国建立外交关系。但是，它们同时是北约的成员国，在美国的政治影响下，不愿接受新中国的建交条件。1949年11月召开的美英法三国外长巴黎会议上，美国施加压力要求英国在承认新中国的问题上与美国保持一致。但是，英国外交大臣贝文只答应推迟采取建交行动的时间。贝文于1950年1月6日致电周恩来外长，表示英国承认新中国，撤销对国民党政权的承认，同日贝文又宣布英国承认新中国并不改变英国与美国反共的长期目标。1950年3月，中英两国代表在北京进行建交谈判。由于英国政府不愿与台湾当局彻底断绝关系，甚至在朝鲜战争爆发后追随美国采取敌对中国的行动，谈判迟迟不能取得进展。1954年6月日内瓦会议期间，英国在印度支那问题上采取了不同于美国的立场，英国朝野两党都表示对中英建交持赞同态度，但是英国对中国在联合国合法席位问题上的态度仍然暧昧不清，在这样的情况下，中国政府同意与英国建立"半外交关系"，互换代办，进行建交的谈判和处理两国的侨务贸易等问题。中国与荷兰的建交谈判与之相类似。1954年11月19日，中荷两国经过协商，同意仿效英国的做法互换代办。

和平共处与求同存异

和平共处五项原则是新中国成立后在与各国外交实践的基础上总结制定的根本指导原则。它的制定是一个逐步探索和实践的过程。新中国成立后，非常重视与相邻的民族独立国家发展友好合作关系，和平解决历史遗留问题。中印两国的边界问题和"西藏问题"是新中国面临的棘手问题。

中印两国都有着数千年的文明历史，都曾深受帝国主义侵略之害。两国于1950年4月1日建立外交关系。毛泽东在接见印度首任驻华大使时指出，中印两国建交不但将使已存在于两国人民间的友谊日益发展与巩固，而且亚洲两大国人民的真诚合作，必将有助于亚洲与世界的持久和平。两国建交初期，在国际上对一些重大问题持相近的立场，并能互相配合，彼此支持。印度主张恢复中国在联合国的合法席位，中国声援印度收复果阿的斗争。1950—1951年印度发生粮食危机，饿殍遍地，饥民达一亿以上，中国政府与印度政府先后签订六次合同，供给印度粮食66万吨，帮助印度人民度过了灾荒。

20世纪50年代初中印两国关系虽然较好，但印度政府坚持在西藏问题和边界问题上的既得利益，使两国关系蒙上了阴影。从19世纪后期起，英国势力就以印度为基地，不断渗入中国领土西藏，强迫清政府签订了一系列的不平等条约，妄图把西藏从中国版图分裂出去。印度独立后，企图继承英国在西藏的一些特权。中国政府决定解决西藏问题时,印度与美英两国的代表聚集伦敦,协商共同采取措施保持所谓"西藏自治权"。1951年5月,西藏和平解放已经是大势所趋,印度政府向中国递交了备忘录,要求中国政府承认印度在中国西藏的利益现状。鉴于印度提出的问题涉及中国的主权,1952年6月,周恩来向印度驻华大使指出,中印在中国西藏地区的关系现状,是英国侵略中国造成的恶果,印度新政府对此没有责任,但是英国政府与旧中国在不平等基础上建立的特权现在已经不复存在。新中国与印度新政府在中国西藏的关系,应该通过协商重新建立。两国同意于1953年12月在北京举行关于西藏问题的谈判。

1953年12月31日,周恩来总理在接见印度代表团成员时,提出了著名的和平共处五项原则,周总理说:"新中国成立后就确立了处理中印两国关系的原则,那就是互相尊重领土主权,互不侵犯,互不干涉内政,平等互惠和和平共处的原则。两个大国之间,特别是像中印这样两个接壤的大国之间,一定会有某些问题。只要根据这些原则,任何业已成熟的悬而未决的问题都可以拿出来谈。"印度同意以和平共处五项原则作为谈判的指导原则。经过四个月的谈判,中印两国于1954年4月29日就《中印关于中国西藏地方和印度之间的通商和交通协定》及有关换文达成了协议。在协定的序言中,两国正式确认互相尊重主权、互不侵犯、互不干涉内政、平等互惠、和平共处五项原则作为指导两国关系的原则。6月28、29日,中印、中缅总理分别发表联合声明,正式倡议把和平共处五项原则作为处理国际关系的准则,指出"如果这些原则不仅适用于各国之间,而且适用于一般国际关系之中,它们将形成和平和安全的坚固基础"。

1954年9月周恩来总理在庆祝中华人民共和国成立五周年大会上发表的讲话中和10月中苏联合宣言中都指出,各国之间的关系应建立在和平共处五项原则的基础上。1955年4月在新德里举行的亚洲国家会议通过了决议，完全支持中印两国总理宣布的并得到其他许多国家支持的五项原则，并完全相信这五项原则构成了各国相互了解与和平共处的坚实基础。

20世纪的四五十年代，世界范围内有很多新的民族国家如雨后春笋般独立了。这大大改变了世界的面貌，也在一定程度上改变了世界格局中的力量对比。由于新独立的国家绝大部分曾经是西方列强的殖民地，并且都处于发展中国家的地位，因此这些国家有着一种天然的亲近感，拥有共同的命运，共同的发展问题摆在它们的眼前，使它们希望通过彼此的联系和磋商促进彼此的发展。这种思想的结晶就是1955年在印尼万隆召开的万隆会议。

1955年4月18日，举世瞩目的亚非会议在万隆的独立大厦隆重开幕。大会首先进行的是各国代表发言。发言的代表们大多都表示要迅速铲除殖民主义和种族主义。但是，当受到美国唆使的伊拉克代表团团长发言时，气氛却变得骤然紧张，因为他污蔑共产主义是一种"新殖民主义"，随后菲律宾代表团声称亚洲人民现在面临的紧迫任务不是铲除殖民主义，而是和美国这样的国家联合起来共同抵制共产主义，泰国代表团更是危言耸听地说自己受到了新中国的威胁。

出乎大多数人意料的是，随后走上讲台的周恩来，没有诵读准备好的发言稿，而是针对刚才一些代表团的挑衅进行了即席讲话。更让大多数人出乎意料的是，周恩来的讲话毫无针锋相对的火药味，而是开宗明义地指出："中国代表团是来求团结而不是来吵架的"，"中国代表团是来求同而不是来立异的"。会场的紧张氛围一下子缓和下来。周恩来总理针对帝国主义国家利用亚非国家存在不同社会制度与意识形态的事实进行挑拨做了发言，进一步阐述了和平共处五项原则的基本思想，他明确指出，绝大部分亚非国家都遭受了帝国主义国家不同程度的殖民掠夺和压迫，造成了这些国家长期的贫穷落后。由于维护民族独立和国家主权，争取和平与经济文化的发展是它们的共同要求，尽管存在社会制度与意识形态的差异，根据和平共处五项原则是可以进行友好合作的。周总理在会上提出的"求同存异"的方针对会议取得成功起了积极的作用，为实现各国的和平共处开辟了一条切实可行的途径。

亚非会议通过的和平相处十原则实际上是和平共处五项原则的引申和发展。中国首倡的和平共处五项原则是对现代国际法基本原则作出的重大发展。

"两条线"时期的中国外交

进入20世纪60年代之后,中国外交面临着严峻的考验。一方面,中苏关系不断恶化,中苏两国之间逐步由20世纪50年代的盟友演变为敌人;另一方面,中美关系也不断恶化,美国政府依然坚持孤立、封锁中国的敌视政策。在这种情况下,中国对外战略逐步从"一边倒"转向"反帝、反修"或称"两条线"战略。1960年底、1961年初,毛泽东明确提出了反帝、反修的"两条战线"思想。

中苏关系的恶化并非一日之寒。两党之间存在的矛盾与不快是中苏关系恶化的历史渊源。斯大林由于对中国革命的实际情况缺乏了解,曾经发出一些错误指示,给中国革命造成不少损失。第二次世界大战期间,斯大林与美国、英国在雅尔塔达成了危害中国主权的秘密协定。这些历史往事成为20世纪50年代后期中苏关系恶化的隐患。

苏共二十大又使中苏两党产生了一系列原则分歧。中国共产党对赫鲁晓夫批判斯大林的方式与和平过渡问题有一些不同意见,1956年,人民日报发表文章,委婉地批判了苏共二十大的观点。

1958年之后,赫鲁晓夫为了谋求与美国合作主宰世界,加强了对社会主义阵营各国的干预和控制。1958年4月和7月,赫鲁晓夫先后提出在中国建立长波电台和联合舰队问题,中方予以拒绝。1959年6月苏联单方面撕毁了中苏两国1957年签订的国防新技术协定，拒绝向中国提供原子弹样品和生产原子弹的技术资料。9月，在中印边境冲突中，苏联塔斯社发表了袒护印度的声明，中苏分歧由此公诸于世。同年10月赫鲁晓夫利用参加中华人民共和国建立10周年庆典活动的机会，攻击中国"像好斗的公鸡一样热衷于战争"。1960年7月16日，苏联政府又单方面撕毁了中苏之间343个专家合同，废除了257个科技合作项目，并撤走了1390名在中国工作的苏联专家。这导致中国许多重要工矿企业的瘫痪，给中国的国民经济造成了巨大困难。

1961年10月，苏共召开二十二大。中国共产党本着维护团结的目的，派出了以周恩来为首的代表团参加会议。但是苏共却对与会的阿尔巴尼亚与中国代表团大肆攻击。在此之后，苏联不顾中国遇到了经济困难，又逼中国偿还抗美援朝的战债。从1963年起，中苏论战进一步升级。整个20世纪60年代，苏联陈兵百万于中苏、中蒙边境，并蓄意挑起中苏边境冲突，1969年的珍宝岛事件是中苏关系全面恶化的重要标志。

在中苏关系不断恶化的过程中，中国同第三世界的关系在不断加强。20世纪60年代，非洲的民族解放运动取得了巨大胜利，非洲国家纷纷独立。为了进一步发展同第三世界特别是非洲国家的关系，1963年12月至1964年2月，周恩来总理在陈毅副总理兼外长的陪同下，访问了埃及、阿尔及利亚、摩洛哥、突尼斯、加纳、马里、几内亚、苏丹、埃塞俄比亚、索马里10个非洲国家及阿尔巴尼亚、缅甸、巴基斯坦和锡兰四国。在访问期间，周恩来总理发表了中国同非洲国家和阿拉伯国家相互关系的五项原则：支持非洲和阿拉伯国家反帝、反殖和维护民族独立的斗争；支持非洲和阿拉伯国家人民奉行和平中立的不结盟政策；支持非洲和阿拉伯国家自己选择的统一方式和团结愿望；支持非洲和阿拉伯国家通过和平协商解决彼此之间的争端；支持非洲和阿拉伯国家保卫主权领土完整，反对外来的侵犯和干涉。这五项原则得到了许多非洲和阿拉伯国家的赞成和支持。

周恩来总理还代表中国政府提出中国对外援助的八项原则，充分表达了中国同第三世界国家进行经济合作的真诚愿望。周恩来总理的十四国之行，增进了中国同第三世界特别是非洲国家之间的友谊，扩大了中国的国际影响。中国同亚非国家的友好合作关系进入了一个新阶段。

中美关系与中日关系正常化

1971年10月25日,第二十六届联合国大会以76票赞成、35票反对、17票弃权的压倒多数通过了阿尔巴尼亚、阿尔及利亚等23国提出的要求恢复中华人民共和国在联合国的一切合法权利,并立即把蒋介石集团的代表从联合国一切机构中驱逐出去的提案。中国也同时恢复了联合国的五个常任理事国之一的地位,常任理事国的一票否决权使中国的国际地位有了更大的提升。

中国恢复联合国合法席位以及中美各自面临的外交局面,促成了中美关系的缓和。中国在20世纪60年代推行"反帝、反修"的两条线外交战略,同时与美苏两个超级大国为敌,使中国承受着来自东西方的双重战略压力,在国际社会中处于十分困难的境地。特别是20世纪60年代末以来,中苏关系进一步恶化,中国的国家安全面临着苏联的军事威胁。虽然在20世纪60年代末美国对中国的威胁依然存在,但美国对中国的威胁已远不如苏联大兵压境的威胁那样急迫。

美国方面,尼克松上台之时,美国面临着内外交困的局面。国内,以反对越南战争为主要内容的社会危机加深;国外,20世纪60年代末美国已经丧失了战略核心优势,苏联实力迅速上升并对美国发起了咄咄逼人的战略攻势,美国的安全利益因此受到苏联军事实力扩张的日益威胁。尼克松政府被迫调整美国全球战略，提出"尼克松主义"，力图在美苏缓和的情况下建立多极力量均势，以较小代价来阻止苏联的扩张并维持美国全球利益。在现实主义外交思想的支配下，尼克松政府认识到中国在美国遏制苏联扩张和结束越南战争中的重要战略地位。

中美关系的和解经历了一个缓慢曲折的进程。早在20世纪50年代中期，中美双方就开始了华沙大使级谈判。从1954年至1968年间，中美双方共举行过134次会议，但进展甚微。20世纪60年代末70年代初，伴随着中美外交战略的调整，中美双方着手改善两国关系。尼克松入主白宫后，采取了一些积极步骤来改善中美关系。1969年3月，尼克松在会晤法国总统戴高乐时，正式请戴高乐传递给北京有关他对改善中美关系和结束越南战争的意向。1969年7月21日，美国政府第一次宣布取消某些对华贸易管制并放宽美国人到中国旅行的限制。尼克松总统通过巴基斯坦的叶海亚总统、罗马尼亚的尼古拉·齐奥赛斯库总统再次向中国政府传递愿意改善两国关系的信息。

1971年4月6日，正在日本名古屋参加第31届世界乒乓球锦标赛的美国代表队接到了中国的访华邀请，这实际是中国为恢复中美接触而采取的一个重大步骤，美国方面马上接受。4月14日，周恩来总理在人民大会堂接见了美国乒乓球队成员。不久，中国乒乓球代表队也应邀访美。"乒乓外交"的成功，使"小球推动了大球"。经过中美双方磋商及巴基斯坦方面的精心安排，1971年7月9日，基辛格转道巴基斯坦秘密访华。在7月9日到11日的访问中，他同周恩来总理会谈了17个小时，这是20多年来中美双方高层领导人第一次面对面就中美关系和国际局势交换意见。7月15日，中美同时公布了基辛格秘密访华并宣布尼克松将访问中国的消息。公告宣布：周恩来总理代表中华人民共和国政府邀请尼克松总统于1972年

5月以前的适当时间访问中国。尼克松总统愉快地接受了这一邀请。

1972年2月21日，美国总统尼克松正式访问中国。这是历史上第一位美国国家元首访问中国，周恩来总理前往机场欢迎。尼克松在其回忆录中写道："当我们的手相握时，一个时代结束了，另一个时代开始了。"在访问期间尼克松总统与毛泽东主席就中美关系正常化和双方共同关心的国际问题交换了意见。2月28日，中美两国在上海发表了《中美联合公报》，即《上海公报》。

《上海公报》采取了坦率的和现实的态度，阐明了双方的共同点，也写明了双方的原则分歧。公报指出："中美两国的社会制度和外交政策有着本质的区别，但是，双方同意，各国不论社会制度如何，都应根据尊重各国主权和领土完整、不侵犯别国、不干涉别国内政、平等互利、和平共处的原则来处理国与国的关系……（双方）准备在他们的相互关系中实行这些原则。"双方声明："任何一方都不应该在亚洲-太平洋地区谋求霸权。每一方都反对任何其他国家或国家集团建立这种霸权的努力。"公报同时承认，台湾问题依然是阻碍中美关系发展的主要问题。中国政府在台湾问题上坚持自己的一贯立场，即中华人民共和国政府是中国的唯一合法政府；台湾是中国的一个省，解放台湾是中国内政，别国无权干涉；全部美国武装力量和军事设施必须从台湾撤走。美国方面，美国认识到在台湾海峡两岸的所有中国人都认为只有一个中国，台湾是中国的一部分。美国政府对这一立场不提出异议。它重申对由中国人自己和平解决台湾问题的关心，考虑到这一前景，它确认从台湾撤出全部美国武装力量和军事设施的最终目标。尼克松将自己对中国的七天访问描绘为"改变世界的一周"。

尼克松访华实现了中美关系的和解，但是两国关系从"和解"到完全实现"正常化"经历了一个曲折的过程。1974年8月尼克松因"水门事件"辞职，中美关系正常化的进程受到影响。另外，美国的亲台势力一直干扰着中美关系发展。1978年5月下旬，美国总统卡特派遣国家安全事务助理布热津斯基访华，终于推动了中美建交进程。美国政府接受了中国方面提出的在台湾问题上"断交、废约、撤军"的建交三原则，承认中华人民共和国政府是中国的唯一合法政府。中美两国于1978年12月16日同时公布了《中美建交公报》，并决定于1979年1月1日起建立大使级外交关系。至此，中美两大国终于正式结束了它们之间近30年的相互敌视与对抗，中美关系实现了正常化。

如果说中美之间的不友善关系的形成，是因为冷战的格局，是出于战略的考虑，那么中日之间的关系则在这些因素之外加上了某些民族情感。日本自1931年"九一八"事变开始，在军国主义思想的支配下，大举入侵中国，无数中国的军民死在了日本人的屠刀之下。南京大屠杀等事件更是残忍至极、耸人听闻。一桩桩、一件件血泪交织的往事不能不浮现在刚刚经历过这一切的中国人的脑海中。但是，历史是在前进的，军国主义、法西斯主义也只是日本在特定历史时期的产物。中国人民也清晰地懂得这一点，因此恢复中日之间的交往也就是一个必然之举了。

中日之间恢复交往的开始，也同中美之间乒乓外交一样具有戏剧性。自1971年美国国务卿基辛格秘密访华后，日本政府就频繁向中国发出邦交正常化的信号。1972年7月10日，中国上海舞剧团一行两百多人，受日中文化交流协会和朝日新闻社的邀请，在经过几个月的集训后，从北京启程，经香港抵达日本。在日本东京的日生剧院，他们首场演出了中国芭蕾舞剧《白毛女》，大获成功。自此，中日政治的坚冰也开始随着民间气氛的活跃而渐渐融化。

1972年9月29日，中日两国正式建交。周恩来总理和日本国总理大臣田中角荣在北京签署了《中日联合声明》，宣布自该声明公布之日起，中华人民共和国和日本之间迄今为止的不正常状态宣告结束，日本方面将痛思日本过去由于战争给中国人民造成的重大损失的责任，表示深刻的反省；中国政府宣布，为了中日两国人民的友好，中国政府放弃对日本的战争赔偿要求。

改革开放后的外交新局面

20世纪80年代初,中国所面临的国际形势和中国的国内政治都发生了巨大变化。国际上,美苏关系重新紧张,在世界范围内展开了激烈的对抗。与此同时,日本、西欧和第三世界在国际事务中的影响力日益加强。在国内,中国共产党十一届三中全会作出了把党的工作重心转移到社会主义现代化建设和实行改革开放上来的重大决策。在这种情况之下,党的十二大重新确立了新时期独立自主的和平外交政策。邓小平在十二大开幕词中指出:"中国的事情要按照中国的情况来办,要依靠中国人自己的力量来办。独立自主、自力更生,无论过去、现在和将来,都是我们的立足点。中国人民珍惜同其他国家和人民的友谊和合作,更加珍惜自己经过长期奋斗而得来的独立自主权利。任何外国不要指望中国做他们的附庸,不要指望中国会吞下损害我国利益的苦果。"

自从新中国成立以来,独立自主一直是中国外交的基本原则。但是,20世纪80年代独立自主外交政策同70年代的战略相比,有着特殊含义。80年代独立自主外交的核心是,中国不同任何一个超级大国结成同盟或建立战略关系,不联合一个超级大国去反对另一个超级大国。一言以蔽之,中国在处理同美苏两个超级大国的关系时严格遵循"等距离"外交。在这一对外战略的指导下,中国在20世纪80年代开创了外交的新局面。

中国实现了与苏联和东欧国家关系的正常化。自1982年勃列日涅夫在乌兹别克斯坦首都塔什干发表希望改善中苏关系的讲话后,中苏双方就开始进行谈判,商讨实现两国关系的正常化。但是,由于中苏两国在阿富汗、柬埔寨以及苏联在中苏和中蒙边境驻军等问题上存在着不同意见,谈判进展缓慢。1985年,戈尔巴乔夫上台后,中苏关系正常化的步伐加快。1988年4月,政治解决阿富汗问题的协议在日内瓦签署,规定苏联从1988年5月15日开始从阿富汗撤军。同年12月,戈尔巴乔夫在联大上宣布苏联将单方面裁军,大大减少在亚洲的驻军。1989年2月,中苏两国签署了关于解决柬埔寨问题的声明。阻碍中苏关系正常化的几大基本问题得到了解决。1989年5月15日,戈尔巴乔夫访华,两国关系实现了正常化。

进入20世纪80年代之后,随着中苏关系的改善,中国开始改善与东欧国家的关系。中国同罗马尼亚和南斯拉夫之间的友好合作关系在原有基础上得到进一步发展。1987年,中国领导人相继访问了波兰、民主德国、捷克斯洛伐克、匈牙利和保加利亚五国。在高层互访的同时,中国同东欧国家之间的经济贸易关系迅速发展。

中美建交以来,特别是里根总统上台后,中美两国之间波折不断。此时的中美两国都在调整政策。中国在中国共产党的十二大明确提出不同任何大国结盟的独立自主外交政策后,已经改变了20世纪70年代联美反苏的政策,与美国拉开了距离。美国方面不再强调中美两国的"战略关系",而是强调"长期,持久和建设性的关系",把中国视为一个区域性的"友好的非盟国"。从1983年开始,中美两国在新的外交政策基础上构筑两国关系。这时,在中美和解后逐步发展起来的中美经贸开始发挥出越来越大的作用。中美两国以经济合作为基础,大力发展两国之间的贸易、科技、文化和教育合作。在两国关系平稳发展的同时,中美之间围绕着台湾问题、西藏问题、军售问题和贸易问题的斗争时起时伏。

20世纪80年代以来,中国积极发展与日本的外交关系。中日两国政府首脑在80年代进行了九次互访,并确立"和平友好、平等互利、长期稳定、相互信赖"为中日关系的四原则。这一时期,中日两国之间民间往来频繁,两国之间的经济贸易也不断增长。但是,80年代日本文部省在审定中小学历史课本中篡改日本帝国主义侵略中国历史的教科书问题,以及1985年中曾根首相参拜靖国神社问题,给中日友好关系投下了阴影。

20世纪80年代,中国同西欧国家的外交关系迅速发展。中国同西欧国家在维护世界和平和经济发展方面有着共同利益。在此基础上,中国同西欧国家首脑之间的互访频繁,先后与联邦德国、意大利、法国、英国、西班牙和瑞士等国签订了互设总领事馆的协议,与欧共体全面建交。随着外交局面的打开,中国与西欧国家之间的经贸关系迅速发展,双方的贸易额由1981年的60亿美元增加到1989年的158.45亿美元。1989年之前,中国同西欧国家之间在教育、文化等方面的合作获得了广泛的发展。

1982年,邓小平"一国两制"构想的提出为圆满解决中英香港问题和中葡澳门问题铺平了道路。1982年9月到1984年9月,中英两国政府就香港问题进行了长达两年的会谈。在正式会谈开始之前,有"铁娘子"之称的撒切尔夫人就曾来华访问,并且就香港的某些问题与中方领导人进行了商谈。但是,当撒切尔夫人回国后,她马上又抛出了英国与清政府签订的条约应当遵守的言论,以此来试探中国的决心和勇气。中国政府针锋相对,表明了收回香港的严正立场。当会谈在1984年9月26日结束时,中英两国代表团草签了关于香港问题的所有协议,同时两国在联合声明中郑重宣布:中华人民共和国将于1997年7月1日恢复对香港的主权。

香港问题的解决也很快推动了澳门问题的解决。澳门原属广东省香山县（今中山市）管辖，面积不大，但是地理位置优越，很早就有商船在此贸易，甚至是由中国和周边藩属国组成的封贡体系内一个重要的中转站。1535年，处于全球扩张时期的葡萄牙来到了澳门，很快葡萄牙人通过贿赂广东的地方官员攫取了在澳门的居住权。鸦片战争后，葡萄牙趁火打劫，侵占了澳门。1985年的5月，葡萄牙总统恩尼斯应邀到中国进行访问。中葡两国领导人就澳门问题进行了友好磋商。1986年6月，中葡两国关于澳门问题的谈判在北京正式举行。1987年4月13日，中葡两国在北京正式签署了关于澳门问题的联合声明，声明中宣布中华人民共和国将于1999年12月20日恢复对澳门行使主权。

中国同第三世界的团结合作也进一步加强。在亚洲，中国进一步加强了与朝鲜、巴基斯坦、缅甸、斯里兰卡等国的友好关系，与印度、印度尼西亚的关系有所改善。中国在20世纪80年代进一步扩大同非洲国家的友好合作关系，中国领导人访问了非洲11国，确立了以"平等互利、讲求实效、形式多样、共同发展"的原则发展与非洲国家的经济合作。中国与拉丁美洲的关系也有进一步发展，到20世纪80年代共有18个拉美国家与中国建立了外交关系，中国与拉美国家关系进入了一个新的发展阶段。

20世纪90年代的中国外交

苏联解体、冷战终结对全球的国际关系产生了重大影响。在两极格局已经解体的情况下，中国坚定不移地高举和平、发展、合作的旗帜，一如既往地奉行独立自主的和平外交政策，坚持在和平共处五项原则基础上与世界各国友好往来。

20世纪80年代末，中美关系因战略合作基础的消失而严重倒退，在众多问题上产生了纠纷。但经过双方的努力，1990年6月，布什政府决定继续给予中国贸易最惠国待遇。同时，美国逐步恢复在华的科技活动，世界银行、美国进出口银行也恢复对中国的贷款。

1993年1月克林顿就任美国总统后，对华政策采取以人权问题和限制武器扩散为中心，利用最惠国待遇为施压手段，以达到以压促变的目的，这一年中发生了一系列美国损害中国利益的事件。针对美国上述行为，中国政府顶住压力，进行斗争，但又争取不使中美关系进一步恶化。在克林顿上任不久，江泽民在会见美国国会议员时提出，中国对美方针是"增加信任、减少麻烦、发展合作、不搞对抗"，并希望双方遵循中美多个联合公报的精神，发展健康、稳定的中美关系。1993年11月，江泽民出席在美国西雅图举行的亚太经济合作组织（APEC）领导人非正式会议期间，与克林顿进行了会晤。这是两国最高领导人自1989年2月以来的首次会晤。

双方就中美之间重大问题交换了意见，彼此增进了了解，这标志着中美关系有了一个新的良好开端。1994年11月，在印尼举行的第二次亚太经济合作组织领导人非正式会议期间，江泽民在与克林顿的会晤中提出建立新型中美关系。

1996年，克林顿竞选连任，他表示对华政策仍奉行建设性的接触政策。11月，中美双方商定1997年和1998年实现两国领导人正式互访。1997年10月26日至11月3日，江泽民主席对美国进行国事访问。10月29日，中美发表联合声明，决定两国通过增进合作，应对国际上的挑战，促进世界和平与发展，共同致力于建立中美建设性战略伙伴关系。这次访问对于中美关系的改善和发展起了推动作用。1998年6月25日至7月3日，克林顿总统访问中国。两国领导人在会谈中就双边关系和重大国际与地区问题深入交换了意见，双方同意继续努力，向建立中美建设性战略伙伴关系的目标迈进，双方还确立了中美高层定期对话的机制。

在中美两国元首实现互访，中美关系出现良好发展势头的时候，美国国内反华势力再次掀起反华浪潮。美国政府迫于压力在1999年的联合国人权会议上再次提出攻击中国人权状况的提案，同时，还计划在亚洲部署"战区导弹防御系统"，这严重损害了中国的国家安全，对中国的统一大业构成威胁。

1999年5月8日晨，北约的导弹袭击了我国驻南斯拉夫联盟共和国大使馆。新华社记者邵云环、光明日报记者许杏虎、朱颖夫妇三人遇难身亡，多人受伤，大使馆建筑严重毁坏。当天上午，中国政府发表严正声明，提出最强烈抗议。事件发生后，全国各地人民群众纷纷集会、座谈，强烈谴责以美国为首的北约的野蛮行径。北京、上海、广州、沈阳、成都等城市的学生、群众，在美国驻华外交机构附近举行抗议示威游行。中国政府向以美国为首的北约提出严正要求：公开正式向中国政府、中国人民和中国受害者家属道歉；对事件进行全面彻底的调查；迅速公布调查的详细结果；严惩肇事者。在中国人民的强烈抗议和中国政府的严正交涉之下，克林顿在事件发生后表示向中国领导人和中国人民道歉。但随后美方的调查认为，中国驻南联盟大使馆被炸是一起"误炸"事件。

1999年11月，江泽民和克林顿在新西兰奥克兰亚太经济合作组织领导人非正式会议期间举行会晤，使中美关系得到恢复和发展。11月15日，中美就中国加入世界贸易组织问题的谈判在北京达成协议。这一协议的签署对于中国加入世贸组织、中美经贸合作的发展以及中美关系的改善和发展，具有重要的现实意义。

中国和俄罗斯的关系在20世纪90年代也有很大发展。苏联解体后，中国根据不干涉别国内政和尊重各国人民选择的原则，先后与独立的15个国家建立了外交关系，并表示愿在和平共处五项原则的基础上发展同这些国家的友好合作关系。俄罗斯继承了原苏联在联合国的席位。中国非常重视发展与俄罗斯的关系。在冷战时期，中国与苏联的关系，曾经从20世纪60年代开始一度陷入低谷。1989年，邓小平迎接戈尔巴乔夫访华和开始商谈解决中苏边界问题使中苏关系由以往的对抗转向正常化，这也是中俄友好的先声。

1992年2月，俄罗斯联邦人民代表大会通过了1991年5月中国和苏联政府签署的中苏国界东段协议。3月，俄外长访华，双方互换批准书，使中苏经过长期谈判达成的有关边界问题的协议正式生效。1992年12月，俄罗斯联邦总统叶利钦对中国进行正式访问。中俄两国签署《关于中华人民共和国和俄罗斯联邦相互关系基础的联合声明》，声明决定将中俄关系提升为"互相视为友好国家"的新阶段，明确规定了指导两国关系的和平共处、睦邻友好、互利合作的基本原则。叶利钦称俄中关系从此"进入新阶段和开始新纪元"。1994年9月,江泽民主席访问俄罗斯,与叶利钦总统举行会谈。双方就建立面向21世纪的中俄建设性伙伴关系达成共识。双方签署了《中俄联合声明》、《中华人民共和国和俄罗斯联邦关于中俄国界西段的协定》等重要文件。双方确立了"认为两国已具有新型的建设性伙伴关系,即建立在和平共处各项原则基础上的完全平等的睦邻友好、互利合作关系,既不结盟,也不针对第三国"。

1995年10月,中俄双方互换了国界西段协议的批准书,协定开始生效。此后,中俄两国元首、政府首脑多次互访,促进了两国在政治、经贸、地区安全、文化、科技等方面的合作。1998年11月,中俄两国签署了《关于中俄边界问题的联合声明》,经过两国本着诚意的合作与艰难的勘界工作,2004年中俄之间终于解决了长期存在的边界争端问题。

2000年7月,俄罗斯总统普京正式访问中国。江泽民与普京在会谈中一致商定,为了确保中俄世代友好,永远做好朋友、好邻居、好伙伴,将签署不具结盟性质的中俄睦邻友好合作条约。双方还签署了《北京宣言》,指出1996年宣布建立的中俄平等信任、面向21世纪的战略协作伙伴关系完全符合两国人民的利益。

20世纪90年代初以来,中国注重发展与周边国家的关系。中国和朝鲜之间继续保持传统友好关系。1992年8月24日,中国与韩国正式建交。之后,两国在各个领域的合作进一步发展,两国高层领导人互访不断。中国非常关注朝鲜半岛局势,积极促进南北对话,维护朝鲜半岛的和平。

中国和越南经过一个时期的紧张关系后,1991年11月,两国关系实现正常化。1994年11月,江泽民应邀访问越南。这是两国建交以来中国最高领导人首次访越。访问增进了中越两国关系在新的时期的发展。同时,中国继续注重发展与东盟国家的友好关系。

日本是中国的近邻。发展中日关系符合两国人民的愿望。1992年10月和1998年11月,日本天皇明仁夫妇和江泽民主席实现互访。江泽民在访日期间,两国领导人就双边关系达成共识,即本着"以史为鉴、面向未来"的精神,在认真总结两国关系经验教训的基础上,一致同意建立致力于和平与发展的友好合作伙伴关系。

在中欧关系上,1989年中欧关系出现了波折。1992年,中欧关系基本恢复正常,中欧还开启了环境对话,但对华武器禁运仍未解除。1994年,中欧展开新的双边政治对话,双方关系由此进入了一个具有战略意义转变的新阶段。中国和西欧国家领导人互访频繁。1994年9月,江泽民主席在访问法国期间,提出了发展中国与西欧关系的四项原则,即面向21世纪,发展长期稳定的友好合作关系;相互尊重,求同存异;互利互补,促进共同发展;加强在国际事务中的磋商与合作。1995年,欧盟委员会通过《中欧关系长期政策》的战略性文件,强调要同中国全面发展政治、经济和贸易关系,初步确立了欧盟对华战略性政策框架。

1998年,欧盟委员会发表了《与中国建立全面伙伴关系》文件,表示要把欧中双边政治关系提高到与欧美、欧日同等水平上,支持中国加入世界贸易组织。2003年,欧盟委员会进一步发表了《走向成熟的伙伴关系——欧中关系之共同利益和挑战》的政策性文件,表明欧盟对华政策在广度、深度、具体化、战略性、严肃性、明确性以及认真程度等方面都有明显进展。同年10月,中国发表《中国对欧盟政策文件》,这是中国首次针对某个特定地区或国家发表政策文件,显示了中国对欧盟以及中欧关系的重视。

中国和非洲友谊源远流长,基础坚实。在20世纪90年代,双方政治关系密切,高层互访不断,人员往来频繁,经贸关系发展迅速,其他领域的合作富有成效,在国际事务中的磋商与协调日益加强。中国向非洲国家提供了力所能及的援助,非洲国家也给予中国诸多有力的支持。

21世纪的中国外交

2004年4月,胡锦涛主席在博鳌亚洲论坛年会开幕式的演讲中提出,中国将继续坚持和平发展的道路,高举和平、发展、合作的旗帜。2011年《中国的和平发展》政府白皮书中,明确指出"从更宽广的世界历史视野看,和平发展道路归结起来就是:既通过维护世界和平发展自己,又通过自身发展维护世界和平;在强调依靠自身力量和改革创新实现发展的同时,坚持对外开放,学习借鉴别国长处;顺应经济全球化发展潮流,寻求与各国互利共赢和共同发展;同国际社会一道努力,推动建设持久和平、共同繁荣的和谐世界。这条道路最鲜明的特征是科学发展、自主发展、开放发展、和平发展、合作发展、共同发展。"在和平发展方针的指引下,21世纪的中国外交不断寻求与其他国家的共赢与多赢之路。

2006年4月20日,胡锦涛就发展中美关系提出了六点主张。第一,增进了解,扩大共识,构筑长期稳定的中美建设性合作关系。第二,把握机遇,开拓思路,巩固和扩大经贸合作基础。第三,恪守原则,履行承诺,在中美三个联合公报的基础上妥善处理台湾问题。第四,密切磋商,迎接挑战,加强在重大国际和地区问题上的沟通和协调。第五,相互借鉴,取长补短,不断加强两国人民的友好交流。第六,相互尊重,平等相待,正确看待和处理彼此的差异。

2011年1月18日到21日，胡锦涛对美国进行了国事访问，在白宫南草坪广场举行的欢迎仪式上，奥巴马总统热情洋溢地盛赞胡主席访美"将为未来30年的中美关系打下基础"。

在胡奥会正式举行前的几天，美国政府三位重要人物——国务卿希拉里、财政部长盖特纳、商务部长骆家辉——分别在美国国务院、霍普金斯大学、美中贸易全国委员会等精心设计的重要场所，就中美关系发表了长篇演讲。这三大演讲的基调一致，都强调推进中美合作关系对中国、美国，以及亚太和世界的重要性。美国一些名流、智囊人物如基辛格、布热津斯基等也纷纷在美国重要媒体上撰文，主张推进中美关系。布热津斯基还撰文称此次胡奥会与40年前的毛泽东与尼克松会谈、中美签署《上海公报》及与30年前邓小平与卡特会谈、中美签署《建交公报》同样具有开创中美未来关系的意义。

1月19日胡锦涛主席和奥巴马总统联名签署中美"联合声明"。这份新的声明在"重申"中美之间三个"联合公报"以及2009年11月发表的中美"联合声明"各项承诺的基础上，特别强调两国将致力于"共同努力建设相互尊重、互利共赢的合作伙伴关系"以及"建设全面互利的经济伙伴关系"，在具体方面，中美将进一步加强安全、经济、社会、人文、科技、能源、环境、人权以及全球和地区事务方面的全面合作关系，并提出要加强两国高层之间的交往，美国欢迎中国"强大、繁荣、发展"及在国际事务中"发挥更大作用"。

中美两国的会谈不仅引起中美两国的高度重视，也引起其他国家的关注，一些国际评论指出，胡奥会使世界了解到，"美国和中国相互依赖"，两国之间的关系属于"命运共同体"。

除了关注会议本身，不少媒体还关注了欢迎的规格和宴会等细节，指出美国政府给了中国国家主席最高的礼遇,这显示出美国政府对于这位亚洲大国领导人的高度重视,中美双方都对胡锦涛此次对美国进行的国事访问赋予了重要意义。特别是白宫为胡锦涛主席举行欢迎宴会所做的种种精心准备,超越了一个单纯晚宴的层面,成为象征2011年以后中美关系的"高度政治行为"。

2011年5月10日,第三轮中美战略与经济对话在美国的华盛顿正式举行。中美战略与经济对话机制是两国元首2009年4月共同倡导建立的,是双方推进新时期中美关系发展的一项重要举措。过去两年中,双方先后成功举行了两轮对话,取得了丰硕成果,而此轮对话又是在胡锦涛主席2011年1月成功访美后,中美关系进入建设合作伙伴关系新阶段的背景下举行,预示中美第三轮对话将更为深入有效。

经中美双方商定,本次经济对话的主题为"建设全面互利的中美经济伙伴关系"。围绕这一主题,双方讨论了以下议题:一是促进贸易与投资合作,包括推进新兴产业领域的贸易与投资合作等;二是完善金融系统和加强金融监管,主要包括金融业改革,跨境金融监管合作;三是推进结构调整和发展方式转变;四是促进经济强劲、可持续、平衡增长,主要包括全球宏观经济形势与挑战,涉及欧洲主权债务危机、中东北非形势对地区和世界经济影响、日本特大自然灾害等议题。

经过两天的紧张谈判,第三轮中美战略与经济对话在华盛顿落下帷幕。中美双方通过此次对话,在战略轨道达成了48项成果,签署了《中美关于促进经济强劲、可持续、平衡增长和经济合作的全面框架》,在经济轨道达成20项共识,为会议的成功画上了圆满的句号,为两国进一步的元首会晤、高层军事交流和全面的经济文化合作铺平了道路。

但在合作的背景之下,摩擦依然存在。2011年4月8日,美国国务院炮制的《2010年度国别人权报告》出炉，指责中国对社会活动人士的镇压；侵犯公民基本的言论、集会和结社自由；对易受伤害的少数群体的镇压，这些少数群体既包括种族、宗教上的少数民族，也包括同性恋、两性恋和变性人。4月10日，中国国务院新闻办公室发表《2010年美国的人权纪录》，用事实进行了及时、有力的反击。

目前，中国是美国第三大出口市场，美国是中国第二大出口市场。中美双边贸易额在过去30年里增长了130倍。尤其是中国2001年加入世贸组织后，中美经贸关系日趋紧密，2003年双边贸易额突破千亿美元，到2009年已接近4000亿美元。目前美国对华直接投资已超过590亿美元，中国是美国最大的债权国。两国经济相互依赖关系已无法分割，全球化背景下的共同利益也一直使双方保持着互信、互动和互让。特别是在2008年国际金融危机来袭，美国深陷其中之时，中国对内大动作刺激内需，对外大手笔持有美元，并力促国际合作应对危机，为美国及全球经济复苏做出了重要贡献。

中美目前的确在诸多的方面有分歧和矛盾，但合作共赢应仍是主线，因为以冲突为主对任何一方都没有好处，只能造成彼此削弱，两败俱伤。在全球化联系日益紧密的当下，如果两国爆发持续大规模冲突，不仅直接关乎自身，也会使世界经济陷入困境。

在中俄关系上，2005年6月末7月初胡锦涛主席在访俄时两国签署了《中俄关于21世纪国际秩序的联合声明》和《中俄联合公报》，两国在联合国改革、反恐、伊朗和朝鲜核问题、巴以冲突、伊拉克局势等许多重大国际问题上表现出了协调与合作的立场，主张对于国际问题的分歧应通过政治谈判途径平等协商解决。此后，双方的友好合作关系稳步推进。

2008年5月23日，胡锦涛在同来访的俄罗斯总统梅德韦杰夫会谈时就更好更快地发展中俄战略协作伙伴关系提出了四点建议：一是进一步增进政治互信，加强相互支持。双方要遵循《中俄睦邻友好合作条约》的宗旨和原则，全面贯彻世代友好、携手并进的思想，充分利用两国高层会晤及其他各级别磋商机制，及时就双边关系和共同关心的重大问题交换意见，在涉及对方主权、领土完整、国家安全、稳定和发展等重大问题上继续相互坚定支持。二是深化务实合作，提高合作层次和水平。双方要稳步扩大双边贸易，改善贸易结构，提高机电产品贸易比例；加快推进油气能源、经济技术和大项目合作，促进相互投资；加强科技、环保和地方合作，积极推动科技成果产业化，保护好跨界水资源，促进两国毗邻地区振兴和发展。三是全面推进人文合作，进一步增进两国人民的友好感情。双方要充分发挥两国政府人文合作委员会的作用，落实好互办"国家年"框架下的机制化活动。四是进一步加强在国际和地区事务中的战略协作。双方要密切在联合国、上海合作组织等多边框架内，以及在重大国际和地区问题上的协调与配合，共同应对各种全球性挑战，推动建设持久和平、普遍繁荣的和谐世界。

政治、经济、文化与战略等方面的全方位合作，正是中俄关系不断前进的方向，中俄之间不会成为盟友，但会成为朋友；中俄之间存在分歧，但不会出现关系分裂，这一直是中俄关系的发展方向。

在中欧关系上，2006年之后中欧关系开始出现微妙变化，随着中国国际地位的不断提升以及影响力的越来越大，中欧之间呈现出对话、合作、竞争以及摩擦共存的局面，但中欧之间的整体发展态势仍是合作共赢。

2009年11月，胡锦涛表示中国政府始终把发展对欧关系置于中国外交的优先方向之一，愿同欧方共同努力，推动中欧关系向更高水平迈进。一是着眼长远，坚持发展中欧全面战略伙伴关系的大方向。双方要进一步发挥各级别政治对话磋商机制的作用，加强在重大国际和地区问题上的磋商与协调，不断深化战略互信，充实中欧全面战略伙伴关系的内涵。二是着眼共赢，不断扩大合作领域，提高合作水平。双方要保持中欧在经贸、科技、节能环保、清洁能源等领域的合作优势，努力培育新的合作增长点。同时，进一步加强包括青年交流在内的多层次、多形式人文交流。三是着眼大局，妥善处理中欧关系发展中遇到的新情况、新问题。双方要尊重和照顾彼此重大关切，推动中欧全面战略伙伴关系健康持续深入发展，使中欧关系成为不同社会制度、不同发展模式友好相处、互利合作的典范。

在中非关系上，2009年2月胡锦涛出访亚非五国，访问坦桑尼亚时发表重要演讲，他强调中国愿同非洲国家一道，重点从以下几方面作出努力。第一，团结互助，携手应对国际金融危机挑战。第二，增进互信，巩固中非传统友好政治基础。第三，互惠互利，提升中非经贸务实合作水平。第四，扩大交流，深化中非人文领域合作。第五，紧密配合，加强在国际事务中的协调。第六，加强协作，共同推进中非合作论坛建设。

总之，在21世纪，中国将继续推动世界多极化、国际关系民主化和发展模式多样化，促进经济全球化朝着有利于各国共同繁荣的方向发展，积极倡导多边主义和新安全观，反对霸权主义和强权政治，反对一切形式的恐怖主义，推动建立公正合理的国际新秩序。中国将深化与发展中国家的互利合作，维护与发展中国家的共同利益。坚持与邻为善、以邻为伴的方针，加强与周边国家的友好合作关系，深化区域合作。进一步发展同发达国家的关系，努力扩大共同利益的汇合点，妥善处理分歧。中国将积极参与国际多边外交活动，维护和加强联合国及其安理会的权威和主导作用，在国际和地区组织中作出建设性的努力。

中国政府和中国人民愿与世界各国人民一道，在21世纪，共同为维护和促进人类的和平、发展与进步事业而不懈努力。

继往开来：中国发展的机遇与挑战

改革开放后的三十多年，中国经济蒸蒸日上，引起了全球瞩目。未来中国仍将保持长期的快速发展，中国仍处于发展的机遇期，这一方面得益于全球的整体发展趋势，如全球化给后发国家带来的福利，如新兴市场国家集体崛起的效应；另一方面也得益于中国自身具备的优势条件，如适合中国国情的政治体制，政治、经济等诸多领域的制度革新，中国广阔的内部市场以及社会的稳定团结等。当然，我们也要居安思危，深刻认识对于中国发展构成挑战的因素，诸如中国的科技创新能力不足，中国国内贫富差距比较大，不平衡的国际经济秩序，国际政治因素的影响等。中国如何充分利用全球化的成果，发挥自身的优势，逐渐消弭内部存在的问题，积极应对外部的挑战，将决定中国未来的发展速度与发展质量。只有对自身做深入地剖析，对国际社会做深入地探察，我们才能够继往开来，让中国的复兴大业一路高歌。

全球化的福利

《纽约时报》的编辑托马斯·弗里德曼以《世界是平的》一书蜚声全球,在这本书中他把全球划分成了三个时代。第一个时代从1492年持续到1800年,他称其为全球化1.0版本。这一阶段始于哥伦布远航开启新旧世界间的贸易。全球化令世界的规模从大号"缩水"为中号。全球化1.0版本讲述的是国家和实力的故事。也就是说,当时全球一体化的进程取决于一国的实力以及其应用形式,即一国有多少人力、马力、风力和蒸汽动力。在这一时期,受到宗教影响或帝国主义影响(或两者的结合),西方国家和政府利用暴力推倒壁垒,将世界的各个部分合并为一。

第二个时代被称作全球化2.0版本,这一时代从1800年左右一直持续到2000年,中间曾被大萧条和两次世界大战打断。这个阶段让世界的规模从中号"缩水"为小号。在这一时期,推动全球一体化的主要力量是跨国公司,这些公司到国外去的目的就是要寻找市场和劳动力。荷兰和英国股份公司的扩张和随后的工业革命带动了跨国公司的海外投资。在这一时代的前半阶段,铁路和蒸汽机带来了运输成本的下降并推动了一体化的进程,而后半阶段的全球化进程则得益于电话、电报、电脑、卫星、光纤电缆和初期互联网等带来的通信成本下降。

2000年以后人类进入了一个全新的时代,全球化进入3.0版本。3.0版本将这个世界从小号进一步缩小到微型，并且将竞争场夷为平地。如果说全球化1.0版本的主要动力是国家，全球化2.0版本的主要动力是公司，那么全球化3.0版本的独特动力就是个人和小团体在全球范围内的合作与竞争。这种使个人和小团体在全球范围内亲密无间合作的现象被称为平坦的世界。平坦的世界是个人电脑、光缆、工作流程软件的综合产物。

托马斯·弗里德曼得出这样的结论是因为他在两个具有代表性的发展中国家看到了突飞猛进的进步，这两个国家一个是印度，另一个就是中国。他认为一个平坦化的地球向美国这样的国家提出了挑战，如果美国人不更加努力，美国人的就业机会就会因为世界是平的而被印度人或是中国人夺走。

中国的既有发展以及未来的进一步发展的确不能忽视全球化时代这个特殊的时代背景。全球化早已成为一个耳熟能详的词汇，然而究竟如何定义全球化，专家学者们可能有着各种各样的说法。我们姑且不纠缠于概念如何，通过考察全球化的现象我们反倒更能直观地对全球化进行体验。当我们坐在家里看新闻时，欧洲一些国家出现财务危机的消息瞬间就能被我们接收到；当我们上珠宝店购买黄金时，国际金价的上扬或下挫直接让我们付出了更多或更少的人民币；当我们走进电影院看电影时，美国、英国、日本等国影片可能正在上映；当我们与朋友聊天时，可能我们的朋友中既有东南亚人，也有非洲人。这一切都是全球化的表现，人员、资本、信息都在不断地实现跨国流动，被世界各地的人所感知。

全球化如今的确已经成为一个不争的事实，人们之间的距离也从遥不可及变成了共同聚会在地球村中。人员、资本的跨国流动变得越来越频繁也越来越容易，伴随着网络的普及，更是可以足不出户尽知天下事，网络购物也正变得普遍。

世界的平坦化给了后发国家良好的追赶机会，第一次工业革命成果从产生到传遍世界用了 100 多年的时间,第二次工业革命成果从产生到传遍世界用了将近 50 年时间,而以电子化为标志的第三次工业革命几乎从一开始就迅速传遍全球。那些欠发达的国家可以在这样的时代机遇面前,通过迅速与世界接轨,引进并利用世界的先进技术而使自己迅速实现经济的转型与腾飞,可以以较短的时间完成资本主义强国用了几个世纪才走完的路。对一些国家来说,譬如新兴市场国家,譬如中国与印度,恰是在全球化的时代中,借助各种资源的跨国流动,实现了经济上的迅速成长与飞跃。

全球化提供的平台如今正越来越平坦、越来越广阔,因此中国如果能不断适时运用全球化时代提供的契机将会进一步实现经济的增长与综合国力的提升。

新兴市场国家的集体崛起

2001年11月20日,时任高盛首席经济学家吉姆·奥尼尔发表的一份题为《全球需要更好的经济之砖》,首次把巴西、俄罗斯、印度、中国组合在一起,提出了"金砖四国"的概念,从投资的角度出发,认为未来世界经济增长的机遇在这四个国家,从此这一概念在全世界不胫而走。2003年10月高盛公司又发表题为《与金砖四国一起梦想:通往2050年的道路》的全球经济报告,又对金砖国家集体崛起对于全球经济格局的影响进行了大胆的预测。

作为对金砖四国的补充,高盛公司又提出了"金钻十一国"(NEXT-11)的概念,即墨西哥、印尼、尼日利亚、韩国、越南、土耳其、菲律宾、埃及、巴基斯坦、伊朗和孟加拉。奥尼尔的"发明"激发了全球投资咨询和研究机构对新兴市场国家的兴趣,各种预测和概念层出不穷,有的提出了E7的概念,认为"金砖四国"之外再加上印度尼西亚、土耳其和墨西哥共同组成新兴七国,这七个国家将成为未来全球经济的主角;有的提出了"V ISTA"的概念,即指越南、印度尼西亚、南非、土耳其和阿根廷。这些概念的产生并非是无源之水,无本之木。在漫天飞舞的新概念中,我们也看到了一种世界历史发展的新变化,这就是在经历了西方崛起和支配世界的世纪之后,新兴市场国家的群体开始崛起了。

作为最具影响力的金砖国家,迅速从概念走向了现实。2009年6月16日,中国、印度、巴西与俄罗斯四国首脑齐聚俄罗斯小城叶卡捷琳娜堡。首脑峰会在21世纪的外交舞台上本不是什么稀奇的事，但是这次首脑峰会却引起了世界高度瞩目，因为这次峰会是"金砖四国"从概念走向现实合作的里程碑。金砖国家不仅是新兴市场国家中的佼佼者，金砖国家峰会的召开更彰显了这些新兴市场国家加强合作、集体崛起的意愿。

金砖四国领导人在进行过两次会晤后，成功实现了金砖国家的扩容，2011年4月14日在中国海南三亚举行的金砖国家会议，中国、巴西、俄罗斯、印度、南非五个新兴大国的领导人首次齐聚一堂，共商世界和平发展大计，会晤成果丰硕，战略影响深远。在会上胡锦涛主席发表了《展望未来，共享繁荣》的重要讲话，对世界大势与中国对外战略作出了新的深刻阐述，鲜明地提出了促进世界和平发展的四个主张，其中第二条主张提出大力推动各国共同发展，世界经济最大的不平衡是南北发展不平衡，世界经济领域最根本的矛盾是发展中国家发展不足，应继续致力于促进发展中国家发展，建设"公平、公正、包容、有序"的国际货币金融体系，增加新兴市场国家和发展中国家的发言权和代表性。

2008年爆发的金融危机还加速了世界经济重心由八国集团向新兴市场国家的转移进程。在2008年11月和2009年4月召开的两次20国集团峰会上，如何应对金融危机成为了讨论的重点。而在这两次峰会中，金砖四国特别是中国对拯救全球经济的作用备受关注。法国总统萨科齐曾在联合国援助峰会上表示，八国集团已经过时，要解决金融危机，必须有中国、印度、巴西和其他新兴国家共同参与。在2009年9月美国匹兹堡举行的20国集团第三次峰会更是成为凸显金融海啸后全球经济权力转移的舞台。会后声明宣布，20国集团将取代8国集团成为永久性国际经济协作组织，同时发展中国家在国际货币基金组织的发言权亦会获得提升，标志着以中国为首的新兴经济体未来将能发挥更大影响力。

从金砖四国首脑峰会的召开与金砖国家的扩容，到拯救全球经济局势的大国协调机制8国集团被20国集团所取代，新兴市场国家从一种投资取向的概念，演变成世界经济与政治格局变化的象征。金砖国家以及其他一系列新兴市场国家的集体崛起引起了全球各界的分析与热议。

金砖国家所代表的新兴国家的发展与崛起之路与西方国家大相径庭。西方发达国家早期的发展，往往与违背道德的资本原始积累和充满压迫的海外殖民联系在一起，但随着时代的发展与进步，早期资本主义发展方式已经不可能成为一国崛起的手段，后发国家的发展不会也不可能步欧美资本主义国家发展的后尘。凭借着经济全球化所促动新的劳动分工，以金砖国家为代表的新兴市场国家一方面抓住了全球化所提供的机遇，另一方面充分运用了自身的优势，得以逐步走向世界舞台的中央。

随着新兴市场国家的集体崛起，也引发了全球范围内对各种新的发展模式的探讨。"北京共识"和"中国模式"一度在媒体上和学术界的流行程度不亚于"金砖四国"，尽管有一些政治家和学者否认"中国模式"可以照搬到其他国家，甚至否认"中国模式"的存在。中国之所以取得成功是因为中国没有一味照搬西方的发展模式，而是努力建设符合自身特点的经济和政治制度。这也是目前新兴市场国家崛起的共同特色。

爆发于2008年的全球金融危机也使新兴市场国家遭受重创，但金融危机也是一次优胜劣汰的竞争，它在批量打击一些国家时，也在给另一些国家的崛起提供机会。在全球经济的低迷气氛之中，新兴市场国家都有不俗的表现，尤其是中国和印度两国保持了较高的经济增长速度，对于全球经济的复苏做出了巨大的贡献。新兴市场国家的集体崛起以及新兴市场国家间合作的加强对于中国的进一步发展具有积极意义。

中国自身的发展优势

政治稳定是社会发展的基础,中国的政治制度与西方自由民主制度不同,但却把庞大复杂的国家引领上了一条光明之路,并不断缔造着经济增长的奇迹。从各国的经验来看,政治稳定的核心要件是人民对政治具有高度的参与和共享以及由此产生的认同感。如果广大人民被系统性地排除在国家政治生活之外,人民的利益得不到照顾,人民的声音无法被决策者听到,那么人民和政权就会发生疏离,政治就有陷入动荡的危险,这也正是当前若干陷入动荡的国家所存在的严重问题。中国的执政党和政府领导人对此有深刻的认识,长期以来致力于通过健全和完善人民代表大会制度和政治协商会议制度,通过改革干部人事制度和选举制度,通过推行政务和党务公开,通过扩大媒体和舆论监督,通过发展党内民主和社会民主,增强广大人民群众对国家政治生活的参与,使人民的呼声成为决策的基础,人民的利益要求成为决策的依据,增强了人民对国家政权的认同感。这些改革,有些还处于起步阶段,有些已经相当深入,尽管还不完全平衡,但是方向是正确的,也取得了很大的成绩,为政治的稳定奠定了坚实的基础。

中国的现有制度还能够发挥效率优势。社会主义制度为全国或区域性资源统筹和相互协作、集中力量办大事提供了体制保障。社会主义国家的政府组织、社会组织、企业组织和科教文卫传媒组织,都可以在共产党的领导下，实现组织资源优化整合和一体化配置，从而形成巨大的组织合力和竞争力，齐心协力解决发展中面临的困难和问题。

中国的改革开放政策坚定不移地执行，也是保持中国长期稳定发展的重要因素。中国自十一届三中全会确立对外开放之后，就一直步履坚定而从容地走向世界，已成为世界上重要的一员，与世界上的其他国家展开了广泛合作，实现了多方互利共赢。如果说对外开放是全球化时代的必然选择，那么对内改革就成为了中国能够持续萌发活力的源泉。中国的对内改革从十一届三中全会改变计划经济，转向市场经济为开始，但是改革却并未仅仅满足于建立市场经济。中国无时无刻不在对内部的经济、政治、科技教育等多方面的体制进行改革与完善，体制只有不断的创新，才能够不断解决旧的问题，迎接新的挑战。世界上没有任何一种经济制度、政治制度或者科技制度、教育制度等能够堪称完美，好的制度就是要在实践过程中不断发现问题、解决问题。近些年，中国取消农业税、出台《物权法》、适应世界贸易组织的规则等，无不是在各个层面上不断完善着行事原则与行事方式。中国持续的体制创新也将是中国继续快速发展的动力之源。

中国巨大的市场需求，是中国进一步发展的重要保障。中国拥有广大的地域面积，拥有13亿人口，拥有巨大的国内市场需求，而这巨大的国内市场需求至今仍有着非常大的开发潜力。中国巨大的内部市场潜力一方面能够为中国企业生产的产品提供广阔的营销空间，另一方面也是吸引外资及其稀缺性资源进入中国的重要原因。内需、投资、出口一般被看成是拉动经济增长的三驾马车，中国未来经济的发展如能充分调动内需，将会对中国经济持续健康的发展产生积极的推动作用。

市场经济体制改革和全面对外开放为中国经济带来了长期、稳定、高速的发展，劳动人口就业充分，人民生活水平大幅提高，贫困人口大量减少。

虽然不同人群生活水平的提升速度不完全一致，但是广大人民群众是受益的，是满意的。人民群众对党和政府的支持度很高，政治社会稳定的民意基础雄厚。与此同时，国民经济的长期高速增长大大提高了中国的综合国力，国家开始有财力建设覆盖全体国民的社会保障体系并逐渐提高保障水平、提高医疗和教育服务水平、免除广大农民的农业税收负担、大幅提高对贫困地区和贫困人口的投入，使得广大人民老有所养、幼有所教、病有所医、困有所救。在这样的形势下，人心思稳，人心思定，人民群众珍惜历史性的发展机遇，希望继续在安定团结的局面下发展经济，提高生活水平，提升综合国力。

综上所述，政治体制的优越性、不断的制度创新、巨大的内需市场、日益提高的人民生活水平与稳定的社会环境是中国继续高速发展的动力和保障。但在乐观的前景下，我们也不能不居安思危，认识到中国自身存在的一系列问题，只有更好地发挥优势与弥补劣势并举，中国才能真正走上一条高速、持续、稳健的发展之路。

中国的内在问题

虽然中国连年保持着很高的经济增长率,但如果只有数量扩张而不能确保质量提升,如果满足于经济规模的巨大,而没有能够协调社会矛盾和保持社会和谐的制度安排,就不能确保国家的长治久安和可持续发展。

中国虽是备受青睐的制造大国,但并未成为真正意义上的经济强国。美国、欧盟和日本这些国家和地区的企业自主创新能力很强,虽然中国企业目前在世界 500 强中的比重日益提升,但由于多是国有控股企业,靠量取胜,因此真正的投入与产出比在某些方面仍落后于发达国家。

美国、欧盟和日本的大型跨国公司,他们往往处于产业链的高端,因此它们从产品中获得的受益是那些处于产业链低端企业的几十倍甚至上百倍。中国的很多企业,目前仍旧处于产业链的低端,这是制约中国经济成长的一个很大问题。在最近几年的世界 500 强企业排名中,虽然中国的入围企业稳中有升,但高科技产业比重占得很少。现在的世界竞争,更多的是以科学技术为支撑的竞争。不能说中国有一些"打火机大王"、"彩电大王",就可以做世界工厂了,事实并非如此。真正意义上的世界"制造基地",应该是占有世界工业品市场相当份额,拥有相当多创新产品,同时还有一大批在世界同类产业中的"排头兵"企业。

中国的劳动力优势也正在逐渐散失,因为跃跃欲试的印度等近邻成了主要竞争者。人口庞大、平均工资较低、原材料价格便宜等因素使"印度制造"的竞争力正在悄然崛起。由"中国制造"到"中国创造"时代是否能够水到渠成，这是一个需要所有中国人都要认真对待的问题。现实更是为我们敲响了警钟。自 2007 年以来，牙膏、宠物食品、轮胎、玩具等中国产品在国外遭遇各种调查的事件时有发生，以产品质量、环保指标等技术性标准为名的贸易纠纷逐渐走入大众视野。当然，对中国制造质量问题的质疑，也有超越产品质量本身的政治因素，如某些政治家通过攻击中国产品标榜自己的政治立场等，但我们也不能怨天尤人，毕竟这也是国际市场本身的元素之一，要走入国际市场，这样的问题不可避免。从历史经验来看，一个国家或地区在经济快速发展、出口迅速增加过程中往往遇到较多贸易纠纷或摩擦。日本、韩国等在经济发展过程中也都曾经历类似时期。20 世纪 60 年代，日本制造的产品常常与低端、低质、低价联系在一起，20 世纪 70 年代，港台、韩国制造的产品也与低端、低质、低价联系在一起，但现在没有人再会有这种看法了，因此这是实现制造到创造的必经阶段。日本、韩国等国家之所以实现了可持续的增长，就在于它们不仅实现了出口产品生产的产业转型，而且实现了从数量型到质量型的转变过程。然而，中国在这方面还有较大差距。

技术创新能力不足已成为中国经济软肋。中国是制造大国，但重要技术装备主要靠引进；中国高新技术产品出口不断增加，但是不仅关键零部件依赖进口，而且每年要为软件技术标准向外企支付高额的费用。不突破技术创新能力的瓶颈，中国的经济实力和企业竞争力无法真正提高。根据 2005—2007 年跨国公司对华产业投资趋势报告，跨国公司研发投资中，46% 的企业倾向于独立研发中心，30% 倾向于将更多先进技术引进中国进行研发，24% 的企业选择合作研发。由此可见，更多跨国公司愿意独自投资，自主管理，以保护知识产权。

同时，由于中国企业尚未成为技术创新的主体，创新能力提高缓慢，在技术引进过程中，往往将主要资金和精力用于硬件设备和生产线进口上，忽视技术专利和专有技术的引进，缺乏对引进技术的系统集成和综合创新。2003年我国大中型工业企业技术引进与消化吸收的比例仅为1∶0.07，而日、韩两国技术引进与消化吸收的比例均保持在1∶10左右。总的来看，用于消化吸收的费用所占比例与技术引进费用相比仍嫌不足。这样，中国能否迅速提升技术创新的能力使中国由产业链的低端向产业链的高端溯游，就成为中国发展中需要攻克的一个堡垒。

制约中国经济长期稳定发展的另一个重大问题是贫富差距问题。贫富差距大体上可以表现为几个方面：一是个人差距拉大；二是城乡差距拉大；三是行业差距拉大；四是地区差距拉大。

以居民的收入差距为例，2003年，财政部科研所课题组发布的一份报告认为，在收入正常增长的背后，也存在着一些不容轻视的问题：收入分配的差距不断扩大，贫富分化加剧。主要表现为：一是以基尼系数反映的居民收入总体性差距逐年拉大，已经超过国际公认的承受线。1991年为0.282，1998年为0.456，1999年为0.457，2000年为0.458，10年上升1.62倍。二是城乡居民收入差距不断扩大。1990年城乡居民收入之比为1∶2.2，1995年为1∶2.71，2000年为1∶2.79，2001年扩大到1∶2.9。三是地区间差距扩大。2000年，东部地区人均收入是西部的2.26倍，最高的省与最低的省差距超过3倍。四是行业间的收入差距进一步扩大。20世纪80年代中期，行业间收入差距开始显现，到20世纪90年代中期最高行业人均收入与最低行业之比为2.23∶1，2000年又上升到2.63∶1。五是不同经济性质的单位职工收入差距越来越大。国有经济性质单位职工工资与集体经济性质单位职工工资相比，1985年的平均工资差距为1.25∶1，2001年扩大到1.63∶1。六是城镇内部各阶层之间的收入差距的扩大速度明显加快。高收入户的收入增长大大超过了低收入户的收入增长，2002年1季度的统计表明，20%的高收入者的收入占总收入的46.2%，20%的低收入者的收入占总收入的6%，高低收入差距为7.66倍。

总之，个人差距、城乡差距、行业差距、地区差距的问题已成为制约中国经济更好整合的重大掣肘因素如不能很好地解决，还将影响到社会和谐。

制约中国进一步发展的其他问题还有，对于资源与环境的过度消费与破坏，老龄化社会的日益迫近以及出现的问题，腐败问题等。当然，这些问题往往是发展中国家发展过程中所面临的普遍问题，中国要克服这些问题，不仅要自身不断探索制度上的创新、措施上要得当，还应积极总结其他国家处置与应对类似问题时的经验与教训，从而取得更好的效果。

不均衡的世界经济秩序

全球化虽然塑造了一个便于资本、人员、技术等跨国流动的平台，但同时这个平台在结构上存在着等级差别。如果忽视了全球化进程中的等级差别问题，就无法完全认知全球化的面貌。

在经济上，当下美国仍然是世界上最强大经济实体，目前尚没有能与之匹敌者，短期之内也不可能出现一个后来居上者。美国的国民生产总值远远超过在其之后的中国、日本、德国等国；美元依然是全球最具影响力的货币，当美元实行贬值时，全球的货币都受到了重大影响；美国仍然是国际货币基金组织等机构的主导国家，美国的意愿直接决定着这些机构行为的取舍；美国依然是世界贸易组织中最有分量的国家；虽然跨国公司现在已经全球化，并且在全球范围内创造就业岗位和采购物品，但是大部分有影响力的跨国公司总部位于美国，为美国创造着财政收入。面对美国的优势，发展中国家往往会担心，总部位于美国的跨国公司会利用其自身雄厚的财力、较大的影响，雄厚的律师团和美国政府的撑腰，挤压发展中国家公司的发展。

全球化看起来是在塑造一个公平竞争的平台，让资源在全球范围内实现优化配置，但对于很多发展中国家来说，现实绝没有理论上描绘的那样光明。因为在经济实力上国与国之间有着巨大的差异，在游戏规则的制定上国与国就是不公平的。发达国家人为地竖起诸多壁垒，这些壁垒的存在使发展中国家更难以在一个公平、公正地平台上让本国的资源发挥应有的作用。发达国家设置的障碍主要表现在四个方面：第一是技术壁垒，第二是准入壁垒，第三是国内补贴，第四是反倾销调查。

自20世纪90年代之后，世界进入了科技飞速发展的时期，科学技术是第一生产力的现实已经在全球范围内出现。但是因为发展阶段的不同，最为先进的技术一般还是诞生在美、欧、日等发达国家和地区，因为这些国家有着良好的科技基础和经济实力作支撑，这些国家的科技创新能力最强，而一旦将先进的科学技术转化为生产力，就能使这些国家在竞争力上遥遥领先。而发达国家又不愿过快地将自己的科学技术为其他国家所使用，所以对知识产权购买与技术的流通设置了很多苛刻的条件。知识产权的观念是对的，这样可以提升科技人员的创新积极性，但是严苛的知识产权制度对全球公益来说有时未必是好事。

发达国家利用专利权在科技产业上居于垄断地位，并进一步设定了一系列的技术认定标准，尤其是在高新技术领域，发达国家的科技成果几乎都被一项项的专利技术覆盖，使其他国家很难染指，对那些核心技术，一些大公司还会以保护商业秘密为题，使这些技术很难见光。

发达国家制造的技术壁垒除了专利权保护外，还会包括商标保护、专有名称、厂商名称、原产地标记等方面的保护。在欧美发达国家操控下的国际标准化组织或是实力强大的工商团体经常会把一些标志注册成证明商标，如绿色食品标志等。

发达国家还设置了准入壁垒。技术壁垒主要是限制自己的技术流出，准入壁垒则是限制外国的产品流入。欧美等发达国家的市场规则要远较发展中国家成熟，因此发达国家的各项标准也层出不穷，尤其是在准入规则这一项上更是让很多发展中国家吃了亏。准入壁垒包括多种多样的形式。譬如发达国家为了保护本国企业利益,以免受到来自发展中国家的低价产品的冲击,纷纷借环保之名单方面制定出各种严格的环保措施,限制发展中国家产品进口,实行新的贸易保护主义。因为发达国家同发展中国家所处的发展阶段不同,因此对环境的意识以及制定的环保标准必然存在着差别。欧美是自1500年的大航海时代以来,在不断的掠夺与破坏的基础上进行的原始资本积累,在经过了几百年对环境的破坏之后,它们意识到了环境的重要性,同时也意识到了可以通过打环保这张牌来限制那些因为技术、经济实力等诸多方面原因,尚无法达到欧美标准的企业产品进入欧美市场。

发达国家设置的第三种障碍是国内补贴。发达国家一直坚持要求欠发达国家取消国内产品补贴,给发达国家的产品开放市场,但发达国家却对发展中国家的纺织品和农产品仍旧维持由它们设置的壁垒贸易,并对它们自己的农产品实行着补贴,而纺织品和农产品恰恰是发展中国家比较有优势的产品。

美欧不断对自己国内的产业进行补贴,却一再攻讦发展中国家的补贴政策,当攻讦无效的时候,美欧等国还有一记重拳,那就是反倾销调查。所谓倾销就是以低于成本的价格推销产品,目标就是以低价格优势占领市场,挤压竞争对手的生存空间。反倾销调查是一国政府认为别国的产品以低价格冲击本国的市场,以一种不正当竞争的形式危害着本国该类产业的生存与发展。美国与欧盟的一些国家近年来频繁使用反倾销调查的手段来限制其他国家的产品进入,一旦某国的某一种或某几种产品被美国或是欧盟国家认定为倾销,就会向这些产品征收重关税,税率可高达现行税率的几倍以上,使这些产品在美欧的销售价格迅速抬升,高过本地产品的价格,这样自然本国民众就会去购买本土产品。

中国在技术引进与产品出口上，不但受到不均衡的世界经济秩序的负面影响，中国的企业与产品都因发达国家设置的技术壁垒、准入壁垒、国内补贴遭受过损失。而近年来，发达国家针对中国出口的保护主义更有愈演愈烈之势，不断以莫须有的罪名对中国的产品展开所谓反倾销调查。中国与其他新兴市场国家乃至广大的发展中国家正在为了构建一个更加均衡的世界经济秩序，在国际上发声与行动，但是这一过程将是艰难而长期的。

国际政治的影响

在当今世界上,政治和经济已很难再剥离开看待。在冷战之后,美国成为了世界上唯一的超级大国——不仅在军事上,而且在经济、技术甚至文化上。一时间,美国的国内充满了乐观情绪。有人曾说,将来的世界会看起来像是一个国家,那个国家就是美国。但是,很快美国发现,苏联的陨落并不代表着它能够从此高枕无忧。

虽然美国的霸主地位至今没有国家能够挑战,它也的确表现出了诸多方面的优势,譬如美国在经济总量、战略资源、高新技术、国际资金、信息输出、人才流动和国际组织等方面的实力明显高于其他大国,美国拥有世界经济总量的1/4以上,高新技术的2/3以上,国际流动资本的60%以上,国际流行信息的80%以上,它在国际政治经济秩序中的"独霸"格局仍有可能维持较长时期,但是这并不代表着它将永远能够维持住自己的霸主地位。随着后发国家的爆发力越来越强,随着经济的快速增长出现在欧美以外的大陆,美国对自己的霸主地位产生了或多或少的担心。

中国在冷战结束以后,越发萌生出勃勃生机,并且在较为和平稳定的国际环境中得以迅速发展,国际影响力也逐步提升,因而引起了国际社会尤其是美国的高度关注。中国将在可以预见的未来挑战美国的地位的言论也开始纷纷出现,因此美国也成为了滋养"中国威胁论"的热土。布热津斯基在他的《大棋局——美国的首要地位及其地缘战略》一书中,以一个外交实践者的视角考察了对美国来说最具战略地位的欧亚大陆,他认为在欧亚大棋局中,中国无疑是一个主要的地缘战略棋手,中国已经是一个重要的地区大国,它还可能有更大的抱负,因为它在历史上是个主要强国,把自己的国家视为全球的中心。中国的各种选择已经开始影响亚洲的地缘政治力量分布,而它的经济发展势头必将使它有更强的物质实力和更大的雄心。约翰·米尔斯海默在《大国政治的悲剧》一书中,更是以现实主义的视角来诠释中国对美国构成的挑战。他认为,美国要想维持自己的现在地位使自己的权力最大化,当前最需要做的就是防止欧亚大陆出现潜在霸权,而能够在欧亚大陆形成霸权的当属中国最具有可能性。

从现实来看,美国也的确是不想在全球的任何一个地方能够出现与之分庭抗礼的强势竞争者。美国出于维护其霸权地位的战略考虑,以中国为"潜在的竞争对手",在与中国实现合作双赢的同时,对于中国进行战略遏制的态势短期内也不会有大的变动。当中国的大量产品行销美国时,美国一次次的以反倾销、以知识产权保护、以质量问题等种种借口来责难中国货;当中国的国际影响力越来越大,在联合国安理会基于维护世界和平与稳定的认知而对美国的提案行使常任理事国的否决权时,美国则开始攻击中国的内政,指责中国的人权状况。在近两年,伴随着美国重返亚洲的步伐加快,美国又不断在中国的周边引领各种联合军演,虽然美国及其他军演参与国一再强调,军演本身并不针对中国,但是无论从地缘战略来看还是从美国等国家的外交政策来看,与抑制中国的快速发展都存在着诸多联系。

中国与周边国家的领土纠纷问题,也会对中国与周边国家的关系产生一定程度的负面影响。在南海问题上,无论从历史上来看,还是从国际法上来看,中国都对西沙、中沙、南沙群岛拥有无可争议的主权。但因为南海处在沟通太平洋、印度洋的重要战略位置，连接亚太地区与世界主要经济体，是世界上第二繁忙的国际航道，加之南海不仅有丰富的鱼类资源、鸟粪磷矿等资源，海底还蕴藏着大量的油气资源，使南海成为周边国家争夺的区域。尽管中国在南海问题上提出了"主权在我，搁置争议，共同开发"大原则，但是在南海问题上这一大原则并没有得到贯彻，南海的局势一度发展到剑拔弩张的境地。中日之间的钓鱼岛之争也同样是中日双边关系发展中的一个结。如果领土之争不能够通过和平手段解决，将对于中国与其他相关国家的共同发展产生消极的作用。

在后冷战时代，国家的安全已经是一种复合安全，即经济安全、政治安全、军事安全、环境安全与社会安全都是国家安全的重要组成部分。而恐怖主义、分裂主义、极端势力无论对哪一国来说，都会对国家的安全造成威胁。近年来，中国在应对与打击这三股势力尤其是与其他国家联合打击这三股势力上已经做出了巨大的努力并取得了成效，但我们也不能不时时刻刻警惕这三股势力对于国家经济发展、社会稳定团结造成的负面影响。

结　语

　　历史的车轮滚滚向前，新中国已经走过了63年的风风雨雨，在这63年的求索发展中，有过挫折与磨难，但更多的是收获与欣喜。今天的中国已经走上了复兴之路，重新获得了光辉与荣耀。中国经济不仅取得了重大的成就，使国内人民的生活水平有了大幅攀升，甚至在全球经济低迷时，中国成为世界经济恢复与发展的重要支撑力量。中国也是一个政治大国，在全球事务中发挥着越来越大的影响，对于世界秩序的构建发挥着举足轻重的作用。

　　但中国的强大，不会对世界任何一个国家构成威胁。中国一贯秉承的是和平发展之路，和谐世界的提出，更直观的告知世界，我们的目标是要世界和谐发展，多方共赢，我们从来就不谋求称霸，更不会依仗增强的国力去欺凌弱小。中国是一个文明古国，中国的崛起更是一种文明型的崛起。我们在发展自我，强大自我的同时，也希望世界上的其他国家同样能够取得卓越的进步。

　　作为在二战后才开始现代化进程的国家，中国所走过的风雨路，既为自身积累了经验与教训，也能够成为其他发展中国家参考的样板。中国作为新兴市场国家中的重要一员，在两个三十年中完成了一次次蜕变，也对自己的发展之路不断进行着修正。中国的现代化进程早已开启，但尚未完成，还需要我们不断地努力，创造更加美好和谐的明天。